SCÈNES

D'UN NAUFRAGE

ou

LA MÉDUSE.

NOUVELLE ET DERNIÈRE RELATION

DU NAUFRAGE DE LA MÉDUSE

PAR

Paulin d'Anglas de Praviel,

Ex-Lieutenant au Bataillon du Sénégal, Officier en retraite, dernier naufragé de *la Méduse*.

L'Ouvrage se vend Broché ou en Livraison.

Prix : à Nîmes, 2 fr.; extra-muros, 2 fr. 50, broché.

EN VENTE:

Chez l'AUTE... chemin d'Uzès, n° 4,

A NIMES.

1858

SCÈNES D'UN NAUFRAGE

ou

LA MÉDUSE.

Tout exemplaire qui ne sera pas revêtu de ma signature, sera réputé contrefait.

Nimes. — Typ. SOUSTELLE, boul. St-Antoine, 9.

SCÈNES
D'UN NAUFRAGE

OU

LA MÉDUSE.

NOUVELLE ET DERNIÈRE RELATION

DU NAUFRAGE DE LA MÉDUSE

PAR

PAULIN D'ANGLAS DE PRAVIEL,

Ex-Lieutenant au Bataillon du Sénégal, Officier en retraite, dernier naufragé de *la Méduse*.

EN VENTE:

Chez l'AUTEUR, chemin d'Uzès, n° 4,

A NIMES.

—

1858

AVANT-PROPOS.

———

Nous voyons, chaque jour , les uns exploiter les influences qu'ils se sont acquises, d'autres leurs industries ou leurs talents, ne me pardonnera-t-on pas à moi d'oser , hélas! exploiter le souvenir de mes douleurs?

Sur ce terrain où germent sans cesse les plus vives angoisses , j'espère trouver encore quelques adoucissements , car il n'est point d'excès d'infortune qui ne puisse être vaincu avec honneur par le courage et l'espérance.

Pénétré de cette vérité , j'ai conçu le projet de livrer au public, un ouvrage intitulé : *Scènes d'un Naufrage* ou *la Méduse*.

Le bon accueil que voudront bien lui faire mes concitoyens sera pour moi la plus douce comme la plus fortifiante consolation. N'ai-je pas d'ailleurs le droit de parler d'une émouvante catastrophe, moi qui en suis le dernier débris ?

Mon livre n'est point un libelle ou un roman ; c'est l'histoire exacte des scènes du naufrage de *la Méduse*, que je vais décrire. Si quelques-uns de mes lecteurs ont quelque chose à me reprocher sous le rapport du style, ou envisagent ce sujet comme un événement qui est déjà loin de notre époque, il ne sera pas du moins sans intérêt pour ceux qui auront passé par l'école de l'adversité. Tel est le but que je me suis proposé en faisant paraître mon ouvrage.

Fut-il jamais naufrage aussi déplorablement célèbre que celui de la Méduse ? Où trouvera-t-on des hommes qui pourraient avoir été si malheureux que nous ? Cet épouvantable désastre, nous l'avouons avec le plus profond regret, est dû d'abord à l'ignorance et à l'imprudente sécurité du Capitaine-commandant ; ensuite au manque de sangfroid des officiers du bord, qualité si difficile à conserver en pareille occurrence. Mais le courage, hâtons-nous de l'affirmer, ne leur a jamais fait défaut : il faut le dire en toute justice, l'éloignement de la terre et le manque de sauvetage compliquant la situation, avaient enlevé dans l'esprit de tous, l'espoir d'échapper aux dangers qui s'accumulaient, et la certitude de la mort

avait fait disparaître toute espérance de salut ; il n'est pas éton-
nant, alors, que cette position désespérée ait paralysé les ressources de ceux auxquels avait été confiée notre existence.

Deux des naufragés de *la Méduse*, le premier, M. Savigny,
homme courageux et énergique, chirurgien de 3me classe à bord
de la frégate ; le second, M. Correard, passager, allant explorer
des terres sur la presqu'île du Cap-Vert, s'imposèrent, dans le
temps, la tâche pénible de faire connaître au monde civilisé le
détail de nos malheureuses aventures. Soit qu'ils fussent encore
sous l'impression des maux qu'ils venaient d'endurer, ou qu'ils se
soient laissé entraîner par une fausse prévention contre ceux qui
ne partageaient pas leurs sentiments, ils dénaturèrent les faits les
plus importants.

Avant de mettre le pied dans la tombe, avant que les derniers
souvenirs de ce naufrage aient entièrement disparu, il est de mon
devoir de faire connaître à mes enfants, à mes amis, ainsi qu'à
mes concitoyens, des faits aussi étrangement défigurés, de les
montrer tels que je les ai vus, et tels que la vérité en placera les
impressions encore palpitantes sous ma plume. Loin de moi la
pensée d'imiter M. Correard ; il y a pour les gens de bien une reli-
gion commune, celle du respect dû au malheur. Je resterai donc
ce que je dois être envers tous mes compagnons d'infortune,
c'est-à-dire, équitable et généreux.

SCÈNES D'UN NAUFRAGE

ou

LA MÉDUSE.

CHAPITRE PREMIER.

. Expédition du Sénégal. —Nombre d'hommes et de navires qui la composent. —Départ. *La Loire* et *l'Argus* laissés en arrière.—Reconnaissance des îles de Madère et de Ténériff. — Petit fort français, où une poignée de Français se couvrent de gloire. — Feu à la frégate.

Une partie de nos colonies fut restituée à la France par le traité de 1814 ; nos établissements sur la côte occidentale d'Afrique furent de ce nombre ; mais le gouvernement Anglais ne manqua pas de garder nos plus belles possessions, au nombre desquelles se trouvaient Malte et l'Ile-de-France ou Saint-Maurice. La première est dans leurs mains depuis 1800, et la seconde depuis 1810 : je prie Dieu qu'ils nous les rendent !

Le Ministre de la marine s'occupa, dès 1814, de préparer des expéditions pour prendre possession des divers pays qui venaient de nous être rendus. Ses premiers soins eurent pour objet la Martinique et la Guadeloupe ; le tour du Sénégal allait arriver, lorsque les événements de 1815 dérangèrent ou du moins suspendirent tous les projets; cependant, l'expédition du Sénégal fut ordonnée, préparée, et, en peu de temps, en état de mettre à la voile.

L'Expédition était composé, en matériel de transport, de la frégate *la Méduse*, des corvettes *l'Echo, la Flûte, la Loire,* et du brick *l'Argus,*, qui avaient pour capitaines Duroys de Chaumareys, Cornet de Venancour, Gisquet Destouche, de Parnajon, en nombre d'hommes , environ 400, savoir :

Un colonel, chargé de la direction supérieure de l'administration , commandant supérieur de toutes les dépendances de la colonie du Sénégal et de l'île de Gorée, M. Schemaltz.

Un chef de bataillon, commandant en chef l'île de Gorée, M. Fonsain ;

Un chef de bataillon, commandant le bataillon du Sénégal, M. Poincignon;

Trois compagnies de cent hommes chaque ;

Un lieutenant d'artillerie, M. Courreau, aide-de-camp du colonel, administrateur-général du Sénégal et de ses dépendances ;

Un commissaire supérieur de marine , chef de l'administration ;

.Quatre gardes-magasin ;

Six commis ;

Quatre guetteurs ;

Un préfet apostolique ;

Deux instituteurs ;

Deux greffiers ;

Deux directeurs d'hôpitaux ;

Deux pharmaciens ;

Cinq chirurgiens ;

Deux capitaines de port ;

Trois pilotes ;

Dix-huit femmes ;

Huit enfants ;

Quatre boulangers ;

Un ingénieur des mines, pour Galam ;

Un ingénieur géographe ;

Un naturaliste.

Pour la presqu'île du Cap-Vert :

Deux ingénieurs géographes ;

Un médecin ;

Un naturaliste cultivateur ;

Deux cultivateurs ;

Vingt ouvriers ;

Trois femmes.

Ces derniers, désignés pour la presqu'île du Cap-Vert, étaient partis de leur bonne volonté ; ils s'étaient engagés à ne demander au Ministre de la marine, principalement l'ingénieur géographe, M. Correard, rien autre chose, sinon les objets convenus et portés sur le traité du 16 mai 1816, par lequel Son Excellence avait fixé les concessions faites à ces explorateurs. Ils ne devaient correspondre avec le Ministre, que par l'intermédiaire du gouverneur du Sénégal, et ne pouvaient rien entreprendre sans sa volonté.

Nous partîmes de la rade de l'île d'Aix, près Rochefort, le 17 juin 1816, à huit heures du matin, sous le commandement du capitaine de frégate Duroy de Chaumareys, monté sur *la Méduse*, sur laquelle je me trouvais moi-même avec ma compagnie. L'Etat-major était sur le même navire.

A l'instant où les voiles imprimaient à la frégate son premier mouvement, j'étais sur le pont, tournant mes regards vers cette noble France, qui disparaissait à chaque instant pour nous. Père éternel, Maître absolu de nos destinées, m'écriai-je ! conservez les jours de ceux que je viens de quitter et qui me sont si chers, et accordez-moi la grâce de revoir un jour ma patrie! A peine avais-je prononcé ces dernieres paroles, que le ciel et l'eau se confondirent à l'horizon, et la terre vint à disparaître. Ma prière fut exaucée, car j'ai revu ma patrie et mes parents.

Cependant, le capitaine voulut profiter de la supériorité que la frégate avait dans sa marche sur les autres navires, et à peine ayant dépassé la rade des Basques, il se détacha de sa division et marcha séparément.

La corvette *l'Echo*, fine voilière, fut la seule, pendant quelque temps, qui ne nous perdit pas de vue; mais aussi a-t-elle plusieurs fois compromis sa mâture.

Les malheurs inouïs arrivés à *la Méduse* proviennent, à n'en pas douter, de cette funeste détermination du capitaine, qui ne voulut pas naviguer de conserve avec toute la division. En effet, quand la frégate a été perdue, il ne s'est pas trouvé un seul navire pour nous porter secours.

Le 21 juin, nous doublâmes le cap Finistère. Sept jours après nous aperçûmes Madère et Porto-Santo. Le 15 au matin nous reconnûmes l'île de Ténériff. Dès l'aurore, je m'étais placé sur le pont, pour voir le soleil jeter ses premiers rayons sur une terre qui m'était inconnue. A mesure que nous approchions, des masses de vapeur dérobaient à mes yeux les formes gigantesques du Pic, dont la hauteur est à 3,711 mètres au-dessus du niveau de la mer. Etonné de ce magnifique spectacle, je ne prévoyais pas alors tous les malheurs qui nous menaçaient. Le canot du commandant se dirigea vers la terre pour se procurer des filtres et du vin de Malvoisie. Nous louvoyâmes durant huit heures à l'entrée de la rade de Sainte-Croix, capitale de Ténériff, en attendant son retour. C'est un temps bien précieux que nous perdîmes ; le vent était favorable, nous aurions pu gagner au moins vingt-cinq lieues. A notre départ, nous longeâmes une partie de l'île, et passâmes sous le canon d'un petit fort, nommé le Fort Français ; nous éprouvâmes la joie la plus complète ; en entendant articuler ces mots : Vive les Français ! vive la France ! Cette petite forteresse avait été construite par quelques-uns de nos compatriotes. C'est là que l'amiral anglais Nelson, est venu échouer devant une poignée de Français, qui s'y couvrirent de gloire et sauvèrent Ténériff. Dans ce combat, long et opiniâtre, l'amiral Nelson perdit un bras, et se vit forcé de chercher son salut dans une honteuse fuite.

Comme nous ne fîmes que côtoyer cette île, sans descendre à terre, je ne me permettrai pas d'en donner la description. Je laisse à M. Correard, la responsabilité de l'esquisse, assez scandaleuse, qu'il a donnée des mœurs des habitants dans sa relation, page 35.

Dans la nuit du 28 au 29 juin, un incendie se déclara dans

l'entre-pont, par suite dela négligence du maître boulanger, mais on parvint facilement à arrêter les progrès du sinistre. Cet accident se renouvela le lendemain et la nuit d'après : il n'y eut alors d'autres moyens à employer que de démolir le four, qui fut reconstruit dans la journée suivante.

CHAPITRE II.

Après avoir perdu de vue Ténériff, le capitaine nous exposa à un premier danger. Les parages dans lesquels nous nous trouvions sont soumis à des tempêtes fréquentes et à des courants qui portent violemment à terre; il aurait dû en conséquence gouverner à l'ouest; mais dans son imprudente sécurité il tint la route du sud-ouest, qui nous rapprochait de la terre.

Cette faute fut aggravée par l'abandon funeste de la manœuvre, lorsque nous coupâmes le tropique du Cancer.

2

C'est un ancien usage de célébrer ce passage par des cérémonies assez bizarres, qui n'ont pour principal but que de fournir aux matelots, diversement déguisés en dieux marins, l'occasion de recueillir de l'argent des passagers, se rachetant ainsi de l'immersion dont ils sont menacés. La vigilance s'était endormie, et sans l'officier de quart, M. Lapérère, qui aperçut la terre et s'empressa de virer de bord, nous tombions dans des écueils composés de rochers qui s'étendent demi-lieue au large. C'était le golfe Saint-Cyprien, touchant au Cap-Barbas, situé par 19° 8ᵐ de longitude et 23° 6ᵐ de latitude. Cette sage manœuvre, à laquelle nous dûmes notre salut, fut cependant blâmée par le capitaine, qui ne savait pas commander. L'esprit d'erreur et de contradiction commençait à se répandre parmi nous.

M. Correard, voulant sortir de l'isolement dans lequel le laissaient les passagers, se mit alors à nous faire la description de la côte, dont nous n'étions éloignés que de cinq à six cents mètres. La crainte que lui inspirait la vue de quelques Maures, que le voisinage de cette côte nous permettait de distinguer, avait fortement monté son imagination. Il se croyait déjà esclave et conduit au Maroc ou à Tombouctou. Vint ensuite le docteur Astruc, qui nous faisait les prédictions les plus sinistres, ne se gênant pas pour nous crier : Nous allons périr. D'un autre côté, il était curieux de voir à tribord le capitaine Chaumareys se promenant gravement sur

l'arrière de la frégate, ayant à son côté M. Richefort , officier
auxiliaire de marine, investi de toute sa confiance , et semblant
nous dire : Je commande aux flots. Cette étrange marque de confiance que donnait le capitaine à M. Richefort , et que rien ne
justifiait, blessait vivement les officiers de la frégate ; mais comme
je viens de le dire, M. Lapérère ayant viré de bord , le danger
avait cessé , et il n'était resté dans notre souvenir que l'émotion
produite par le récit de M. Correard , la fausse prophétie du docteur Astruc , la bonhomie du Capitaine , l'insuffisance de M.
Richefort , et la mauvaise humeur des officiers de la frégate.
Tout cela n'empêcha pas d'aller reconnaître le Cap-Blanc.

Le Cap-Blanc fut reconnu dans la journée du 1er juillet. Cette
reconnaissance qu'on ne peut révoquer en doute , a donné lieu à
quelques plaisanteries de M. Correard. Il dit que M. de Chaumareys
dupe d'une mystification , prit un nuage pour le Cap lui-même,
le temps était brumeux ; un marin expérimenté *et même un habi-
tant des Alpes* aurait pu tomber dans une semblable erreur ; mais
n'en déplaise à la vue perçante de M. Correard , le Cap fut reconnu
à des signes certains.

Après cette reconnaissance , on devait faire route à l'ouest sud-
ouest ; par là, on eut évité le banc de sable d'Arguin, qui est un des
principaux écueils des côtes occidentales d'Afrique ; mais le Capitaine, au mépris de ses instructions , et croyant n'avoir rien à

craindre, ne s'éloigna pas de la côte, et la tint toujours à douze ou quinze lieues.

Dans la soirée du 1er au 2 juillet, vers les huit heures, il ordonna de mettre en panne, et fit jeter le plomb de sonde, on trouva de quatre-vingts à quatre-vingt-dix brasses d'eau, avec un fond de sable mêlé d'argile. Cette découverte, au lieu d'inspirer de la défiance au Capitaine, ne fit qu'accroître sa sécurité.

Le matin, vers les trois heures, j'étais de garde sur le pont ; j'aperçus, à une distance approximative de deux lieues, un feu qui brillait à tribord ; j'en fis de suite la remarque à l'officier de quart, M. Reynaud, celui-ci reconnut la corvette l'Echo, ayant un fanal à l'extrémité de son mât d'artimont. Bientôt après, la corvette brûla des amorces et lança des fusées. Tous ces signaux qui avaient pour but de nous indiquer le danger, n'obtinrent aucun résultat ; l'officier de quart se contenta de mettre un fanal au mât de misaine, il avertit, me dit-il, le Capitaine, mais je n'aperçus point ce dernier sur le pont. Les feux cessèrent et le danger continua.

L'Echo voyant notre entêtement, nous abandonna, et nous le perdîmes de vue pour toujours. Malgré mon ignorance dans l'art nautique, j'observais avec surprise notre changement de position, relativement à la corvette ; le soir à huit heures, nous l'avions laissée à bâbord, et lors de l'apparition des feux elle était à tribord et gouvernait presque à l'ouest. Cette remarque, qui a été faite par les officiers de marine, n'aurait-elle pas dû les précautionner contre le voisinage de la terre?

Nous arrivons au 2 juillet, qui devait être un jour de mort pour tant d'infortunés, la Providence qui veillait sur nous, sembla accumuler les avertissements pour nous dérober au malheur qui nous menaçait.

A neuf heures du matin, nous fûmes tous surpris du grand changement qui venait d'avoir lieu ; l'eau qui était verte la veille, avait ce jour-là, revêtu une teinte blanchâtre, et devenait trouble à mesure que nous avancions. Le ciel lui-même avait perdu son éclat.

Le capitaine Baignères, qui s'amusait à pêcher à l'aide d'un crochet, prit en peu de temps une vingtaine de morues. Il était midi, et la corvette l'Eého, que nous avions aperçue la veille, ne paraissait pas.

Les officiers font leur point, et se trouvent sur le banc d'Arguin, par 19° de longitude et 52" de latitude, à dix-huit lieues de la côte du grand désert de Zahara.

A trois heures et demie de l'après-midi, l'officier de quart, M. Maudet, fait jeter le plomb sans l'ordre du Capitaine; on trouve quinze brasses d'eau.

Que d'indices, que de preuves, et quel aveuglement! Le capitaine est prévenu de notre position, et ordonne de venir un peu plus au vent.

On sonde par son ordre.... dix brasses! l'anxiété la plus vive se peint déjà sur tous les visages, bien qu'il n'y ait encore rien à craindre. Officiers, soldats, marins et passagers se rassemblent pêle-mêle, sur le pont du navire dont les sinistres oscillations, au milieu des flots de l'Océan, semblent présager l'approche d'une immense catastrophe. On sonde de nouveau, dans une attente plus pénible encore et en présence de l'épouvante générale qui se trahit de tous côtés par un morne silence: on ne trouve plus que quatre brasses!!!

Un mouvement de la frégate la portant un peu plus en avant, la désolation est à son comble. Le navire frappe trois coups horribles contre le récif, une sorte de râle se fait entendre, notre vaisseau demeure immobile! la consternation des uns et des autres est indescriptible; tout est perdu! *la Méduse* vient d'échouer!!!

CHAPITRE III.

Après l'échouement de *la Méduse*, la consternation est générale. Immobiles comme le vaisseau que nous montons, nous jetons des regards inquiets sur tout ce qui nous environne, point de cris, point de plaintes, c'est le silence de la mort. Au milieu de cet accablement, l'horreur de notre position se peint dans la physionomie pâle et égarée de l'officier de quart, rien, absolument rien ne tempère tant d'horreur, nous allons tous périr, nulle chance de salut, pas un n'a les mains levées vers Celui auquel les mers et les vents obéissent. Renfermés en nous-mêmes, de l'abîme des eaux nous allons tomber sans y songer dans l'abîme de l'éternité ; et comme nous avons oublié Dieu, nous nous oublions les uns les autres ; aucune consolation n'est donnée ni offerte ; chacun ne voit que sa mort, ne regrette que sa vie, c'est l'égoïsme à sa dernière heure.

Après ce moment de stupeur nous nous abandonnons au plus affreux désespoir ; on n'entend que des lamentations et des reproches. Une agitation extrème sans objet et sans plan succède à l'état d'inertie où nous étions plongés. Quelle àme forte eût résisté à l'idée terrible d'un écueil, dans l'immensité de la mer, à si grande distance de la côte ? La mort ne peut se présenter sous un appareil plus redoutable.

Dans ce grand cataclysme, le souvenir de ma mère fut pour moi une providence et, par une inspiration de mon cœur, je porte mes regards vers Celui que nous avions oublié et j'articule ces quelques paroles :

Mère bonne et chérie, femme chrétienne qui n'avez jamais cessé de m'élever dans l'amour de notre Dieu, protégez-moi auprès de Lui. Je me rappelle qu'en me séparant de vous vous me mîtes sous la protection de la sainte et bonne Vierge ; quel espoir et

quel courage ne me donne pas en ce moment suprème le souvenir
des paroles que vous m'adressàtes en me disant adieu :

« Mon fils que la foi et l'espérance n'abandonnent jamais ton cœur;
» prie, Dieu te protégera, c'est ta mère qui te le promet. » Croyant
fermement à cette promesse, je repris le calme de mon esprit.
Ma pensée fut que j'échapperais à tous les dangers qui allaient
s'accumuler sur nos têtes ; et dès lors j'abandonnai mon avenir à
la Providence et à mes inspirations de salut.

Je ne passerai pas en revue toutes les mesures prises pour sauver
la frégate, depuis le moment où elle échoua jusqu'à celui où on
l'abandonna avec une précipitation et un désordre inconcevable, ces
détails m'amèneraient à blàmer certains moyens que l'on employa
pour la dégager du banc sur lequel elle était échouée, mon intention
se borne à décrire toutes les tortures de notre position et non
à formuler une accusation contre ceux auxquels avait été confiée
notre existence.

On commence par carguer les voiles. On descend tous les hauts
màts ; les embarcations sont mises à la mer à l'exception de la
chaloupe qui n'était pas calfatée ; on la calfate à la hàte, elle est
mise à la mer, mais n'est pour lors d'aucune utilité, elle prenait
une trop grande quantité d'eau.

Après avoir allégé la frégate, tous les efforts furent employés
le 2 et le 3 à la mettre à flot ; mais plus on avançait dans ce

travail pénible, plus le découragement s'emparait de l'équipage ;
enfin, il ne fut plus permis de fermer les yeux à la vérité ; la
frégate devait périr sur l'écueil, on renonça à la dégager. Un
conseil fut convoqué dans lequel ne furent point appelés les officiers de terre ; ils auraient dû l'être, puisque le danger était com-
mun à tous. Cet oubli prend sa source dans l'égoïsme dont la suite
n'a donné que trop de preuves.

M. Schemaltz, gouverneur du Sénégal, y donna le plan d'un
radeau, qui joint aux six embarcations, devait servir à sauver
tout l'équipage. Ce plan fut adopté ; mais une justice impartiale
devait être suivie dans l'exécution du projet ; au lieu d'une réparti-
tion arbitraire, l'honneur et l'humanité exigeaient que le sort
décidât de la place que chacun devait occuper. Loin de là, on
fait une liste clandestine d'embarquement, et ceux qui ont dirigé
la liste fatale ont pris le poste le moins périlleux.

Tous les militaires, quelques matelots sans expérience, une
douzaine de passagers furent désignés pour le radeau ; il fallait
au moins une habile officier de marine pour diriger cette fatale
machine. Le commandement en fut donné à un jeune aspirant,
nommé M. Coudin, qui pouvait à peine marcher, une forte con-
tusion à la jambe l'empêchait de se mouvoir. N'était-ce pas la
place du capitaine ou du lieutenant en pied ? Leur présence eût
donné de la confiance aux malheureux dévoués à une mort presque

certaine; les moyens de salut eussent été mieux employés. Les moyens de salut, ils les prirent en abandonnant leurs infortunés compagnons; j'étais de ce nombre. On verra bientôt comment j'ai échappé à ce premier danger.

Toutes les promesses, toutes les espérances nous furent présentées pour nous cacher l'abîme qu'on ouvrait devant nous; le radeau serait remorqué par les embarcations, on y placerait cent mille francs qui se trouvaient sur la frégate, tous les vivres y seraient déposés, et si une embarcation venait à chavirer, le radeau servirait de refuge : tels furent les propos suborneurs que nous tinrent ceux auxquels était confiée notre existence.

Dans la nuit du 4 au 5 juillet la frégate creva, sa quille se brisa en deux parties, les pompes étaient insuffisantes pour lutter contre l'eau qui entrait avec force dans la cale, le gouvernail se démonta et ne tint plus à l'arrière que par ses chaînes, à cinq heures du matin l'eau s'élevait à trois mètres, il fallait échapper à ses progrès menaçants.

Le désordre devint extrême; chacun chercha le moyen qu'il crut le plus favorable pour gagner le large. Au milieu de cette confusion générale, les débarquements se font avec une grande difficulté. On descendait sur le radeau à l'aide d'une faible corde qui pouvait à peine suffire à cet usage; plusieurs reçurent des contusions; d'autres, écartés par la foule, ne purent atteindre la corde et passer sur le radeau ; aux dangers de la mer vinrent se joindre les passions soulevées par le désespoir et dégagées de tout frein par le sentiment de la conservation personnelle et, chacun suivant sa crainte ou son expérience, se glissait dans l'embarcation qu'il croyait la moins dangereuse. Aussi l'instant où l'on abandonna la frégate fut-il un sauve qui peut général.

Les embarcations qui craignaient d'être trop chargées gagnèrent toutes le large. Cet abandon momentané rendait plus nombreuse la foule qui se précipitait vers la corde et cherchait à arriver sur le radeau.

Ce fut alors que mon chef de bataillon m'ordonna de surveiller l'embarquement des soldats qui descendaient sur le radeau. J'obéis. Il me recommanda de ne pas quitter la frégate, que le dernier des militaires ne fût embarqué. J'obéis encore. Il exigea qu'ils n'emportassent ni sabre, ni fusils, ni havre-sacs. Cette mesure, qui devait avoir des suites si funestes, fut suggérée par la prudence : on craignit de surcharger le radeau. Les officiers seuls avaient emporté leurs armes.

Après avoir exécuté l'ordre qui venait de m'être donné, je passai sur le radeau, je m'attachai à la corde, et je parvins avec peine à y arriver. Mais le radeau était déjà encombré; déjà Savigny, Corréard et tous les officiers, moins le chef de bataillon et mon capitaine, se trouvaient sur le radeau. Les premiers arrivés

s'étaient emparés du centre, la partie la plus sûre et la moins ex-
posée aux vagues. De cette position avantageuse et inexpugnable,
ils repoussaient tous ceux qui voulaient s'éloigner des extrémités.
Malgré les services que je venais de rendre, je ne trouvai place que
sur l'arrière du radeau; l'eau couvrait la moitié de mon corps,
et les lames, en se brisant, passaient au-dessus de ma tête (1).

Si javais été un soldat vulgaire, incapable d'apprécier un
péril sans gloire, peut-être aurais-je vu, avec tranquillité, des
hommes qui n'avaient pas plus de titre que moi à se sauver,
occcuper la position la plus avantageuse et me la refuser ; mais
la réflexion, l'idée d'un danger imminent et, le dirai-je, le dépit,
me firent prendre une résolution désespérée. Décidé à braver
la mort, après être resté quelque temps sur le radeau, je me
jette à la nage; je lutte une heure contre les flots, et je regagne
la frégate, sans espoir de salut et dans le seul but de quitter
une place où mon sort était aisé à prévoir, et où il m'était impossible de résister plus longtemps à la pression des hommes

_____

(1) M. Correard, en donnant la construction du radeau (*Relation*, pag. 80,
ligne 7), s'exprime ainsi :

Le *devant* du radeau, cette partie antérieure, n'offrait que très-peu de solidité,
et était continullement submergée; le *derrière* ne se terminait pas en pointe, comme
le *devant* ; mais, une assez longue étendue de cette partie ne jouissait pas d'une
solidité plus grande ; ensorte qu'il n'y avait que le *centre* sur lequel on pût réelle·
ment compter.

entassés les uns sur les autres, à la fureur des vagues, à un danger sans cesse menaçant (1). Ceux qui avaient fait construire cette fatale machine, qu'auraient-ils fait à ma place? Je n'avais donc pas à hésiter, et me voilà seul en plein Océan!... J'ai dit plus haut que je regagnai la frégate, après une heure de lutte désespérée contre les vagues.

M. de Savigny et Corrcard se sont fait un faux point d'honneur d'être entrés dans le radeau. M. Savigny ne pensait certainement pas à rendre son ministère utile à ceux qui se trouvaient avec lui sur les planches du radeau.

Quant à M. Correard, il n'exerçait, d'ailleurs, aucune autorité; il n'était le chef de personne; rien, s'il devait faire partie d'une autre embarcation, ne l'obligeait à s'immoler pour aller sur le radeau. Je ne vois pas d'abord quel attachement invincible, à son devoir, pouvait l'engager à choisir telle embarcation plutôt que telle autre. Quel secours a-t-il donné sur le radeau à ses malheureux compagnons d'infortune? Aucun.

---

(1) La première nuit, *douze* de ceux qui se trouvaient sur le derrière du radeau perdirent la vie, ayant les extrémités inférieures engagées dans les interstices que laissaient entre elles les pièces de bois qui formaient le radeau; *huit* avaient été enlevés par la violence de la mer.

CHAPITRE IV.

Ainsi que je l'ai rapporté, l'abandon de la frégate eut lieu
dans un si grand désordre, que les embarcations gagnèrent le
large, tandis que le radeau était encore amarré le long de la frégate. Ces embarcations étaient :

Le grand canot du bord, où se trouvait le Gouverneur et sa
famille, contenant. . . . . 35 personnes

Le canot du commandant de la frégate. . . . 28   —

A *reporter*. . . . . . . 63 personnes

Report.	63	personnes
Le canot major.	42	—
Le canot du Sénégal.	25	—
La yole.	15	—
La chaloupe.	45	—
Le radeau.	150	—
Nombre des personnes abandonnées sur les débris de la frégate.	63	—
Total	403	personnes.

Le grand canot vint donner la remorque au radeau attaché à la frégate, et prit le large en cherchant seul à remorquer la fatale machine. Le canot major vint ensuite prendre place à la remorque ; le canot du Sénégal fit la même manœuvre ; la chaloupe, le canot commandant et la yole se trouvaient entre la frégate et le radeau, qui faisait route. Ainsi se termina l'embarquement.

Nous restâmes encore soixante-trois sur la frégate, les uns avaient refusé d'entrer dans le radeau et les autres avaient été repoussés des embarcations que l'on croyait déjà trop chargées.

Ainsi abandonnés et sans espoir de secours, nous résolûmes de construire un second radeau avec les mâts qui restaient et des débris de planches, mais la vue de la chaloupe qui s'avançait vers nous, nous fit bientôt renoncer à ce projet qui n'était d'ailleurs qu'un acte de désespoir.

C'était le brave Espiaux, lieutenant de marine, qui se dirigeait de notre côté, l'idée de sauver quelques malheureux qui étaient restés à bord de *la Méduse*, le désir de se procurer quelques vivres pour nourrir ceux qu'il conduisait déjà dans la chaloupe, l'engagèrent à rejoindre la frégate.

M. Correard a eu tort de dire qu'il ne se comporta ainsi que par l'ordre de M. de Chaumareys, une belle âme n'a pas besoin d'être excitée pour faire une bonne action. Le généreux Espiaux ne consulta que son cœur et l'intérêt de ses camarades. On peut juger alors des mouvements d'espérance et de la joie qui nous agitèrent. Espiaux s'avance, il nous annonce qu'il vient nous délivrer et nous recueillir tous dans la chaloupe, des pleurs s'échappent de nos yeux, nous nous jetons au cou de notre libérateur en lui jurant une éternelle reconnaissance.

Après ces premiers moments donnés aux sentiments les plus doux, on s'occupe des moyens de salut; trois cent vingt rations de biscuit et un petit baril d'eau furent transportés sur la chaloupe; mais lorsqu'il fallut quitter la frégate, dix-sept individus s'y refusèrent (1). Ceux-ci, qui avaient cherché dans l'ivresse

---

(1) Nous ferons connaître lorsqu'il en sera temps le sort de ces dix-sept personnes.

l'oubli de leur infortune, étaient dans une apathie complète et sourds à toutes les invitations ; ceux-là, qui craignaient que la chaloupe ne s'enfonçât sous un trop pesant fardeau, préférèrent attendre dans la frégate des secours inespérés ; les efforts que nous fîmes pour les faire changer de résolution furent inutiles. Il fallut les quitter, nous jetâmes un dernier regard sur cette frégate qui renfermait encore tant d'infortunés livrés aux angoisses prolongées de la mort ; nous disparûmes.

La chaloupe prit la route des autres embarcations, que nous rejoignîmes après une heure de marche. Elles faisaient encore tous leurs efforts pour remorquer le radeau.

C'est ici qu'il est nécessaire de réfuter l'opinion de M. Correard sur la conduite que les officiers de marine ont tenue à l'égard du radeau.

Il prétend que les divers canots larguèrent les remorques, et que le radeau fut ainsi abandonné par ceux qui s'étaient chargés de le conduire à terre.

Il combat avec chaleur l'explication qui a été donnée par le gouverneur, et loin d'admettre que la remorque cassa, il assure qu'il pourrait nommer celui qui largua l'amarre.

Voilà deux versions bien différentes données par deux témoins oculaires ; sans vouloir taxer M. Correard de partialité, et lui reprocher une injustice qui semblerait justifiée par les souffrances qu'il a éprouvées, on peut dire que M. Schemaltz est un homme d'honneur incapable de dire un mensonge.

Je dirai que j'étais aussi témoin de l'événement dont se plaint M. Correard, et que je n'ai rien vu annonçant un pareil abandon prémédité. La difficulté de remorquer le radeau était grande, cette masse énorme se trouvait entre deux eaux, il était descendu par le poids de charge à un mètre de profondeur.

Cette position fàcheuse, et la force des courants étaient des obstacles assez puissants pour rendre nulles les intentions les plus généreuses. Je pense même que, si un accident imprévu n'avait séparé les embarcations du radeau, et si les officiers avaient persisté à le conduire jusqu'à terre, ils auraient échoué dans leur entreprise, et n'auraient fait que grossir le nombre des victimes.

Plaignons les malheureux que le sort dévoua à une mort certaine, et ne rendons pas les hommes responsables d'un malheur qu'on doit attribuer à la fatalité, la corde de la remorque cassa.

La chaloupe en quittant la frégate fit route, comme je l'ai déjà dit, vers les autres embarcations qui remorquaient encore le radeau. Le lieutenant Espiaux, qui n'avait jusqu'alors pris de conseil que de son humanité, s'aperçut que la chaloupe, mal calfatée et faisant eau, pouvait à tout moment couler bas sous le poids de quatre-vingt-dix personnes qu'elle contenait ; il crut que les officiers commandant les embarcations ne se refuseraient pas à

nous alléger en recevant à leur bord quelques individus ; il s'a-
dressa à l'officier de marine qui avait la direction du grand canot.
Cette prière devait d'autant mieux être accueillie que, dans la
confusion de l'embarquement général, ce grand canot avait été le
moins chargé, et n'aurait couru aucun risque en recevant trois ou
quatre hommes de plus.

Espiaux reçut un refus formel ; les autres embarcations, qui
craignirent une pareille demande, gagnèrent le large et s'éloignèrent du radeau, qui fut alors privé de tout secours.

Loin d'imiter une pareille conduite, nous nous dirigeâmes vers
le radeau, afin d'engager les embarcations qui fuyaient à revenir
sur leurs pas. Notre exemple ne fut point suivi ; il ne nous resta
qu'un seul parti à prendre. La chaloupe, dans l'état de délabre-
ment où elle se trouvait, ne pouvait être d'aucune utilité aux
malheureux abandonnés sur le radeau ; au lieu de partager leur
sort par une générosité mal entendue, nous cherchâmes à amé-
liorer le nôtre, et nous prîmes la route de l'est pour toucher à
la terre la plus voisine.

CHAPITRE V.

La chaloupe cherche à gagner la terre.—Engagée sur un banc de sable et de coraux, elle passe la nuit au large.—Nuit affreuse. — Le matin on aperçoit la terre , on jette le grapin.—Débarquement d'une partie de l'équipage sur la côte du désert de Zahara.— Description de ce désert.

Laissons pour le moment les autres embarcations continuer leur route vers la terre la plus voisine; laissons un instant le malheureux radeau, qui vient d'être abandonné et livré aux caprices des vents. Nous parlerons plus tard de toutes les horreurs qui se sont passées sur cette fatale machine. Revenons à notre chaloupe.

Après avoir pris la route de l'Est pour toucher à la côte la plus rapprochée ; favorisés par le vent , à quatre heures du soir nous aperçûmes la terre. Il y avait déjà huit heures que nous avions quitté le radeau et les autres embarcations. Nous faisions route isolément. A la vue de la côte, la joie fut générale, les dangers que nous avions courus, ceux auxquels nous allions être exposés, tout fut oublié.

Mais l'abattement succéda bientôt à cette lueur d'espérance; loffe! il n'y a pas de fond, s'écria un matelot. L'effet de la foudre n'est pas plus prompt que celui que produisirent sur les esprits ces terribles paroles.

A neuf heures du soir, les matelots parvinrent, à force de rames et de fatigues, à dégager la chaloupe des bancs de sable et de coraux qui la retenaient.

Pour témoigner notre juste reconnaissance à ces infatigables marins, nous nous privâmes, en leur faveur, d'une partie de de notre ration.

Comme la nuit était très-obscure, Espiaux jugea à propos de tenir le large de crainte que, surpris par un coup de vent, nous ne fussions jetés à la côte.

Nous dûmes notre salut à cette sage manœuvre; car, si notre chaloupe eût longé la terre, nous aurions été nous briser sur les rochers du Cap-Mérick, tandis que nous le doublâmes grâce à la prudence de notre timonnier.

La Providence avait décidé que nous éprouverions toutes les angoisses, et que nous ne péririons pas. Quelle nuit affreuse!

La grosse mer et l'obscurité abattaient notre courage. Un seul mouvement faux imprimé au timon, et c'était fait de nous. Mais le courage et le sangfroid d'Espiaux nous sauva du danger que nous avions à redouter.

Le matin nous reprîmes notre route à l'Est ; le vent fraîchit au lever du soleil, et la mer était fortement houleuse ; nous avions tout à redouter.

La chaloupe s'élevait avec peine sur la lame, et semblait n'en descendre que pour s'engloutir. Plus le jour avançait, plus le vent soufflait avec violence. Si nous ne nous fussions pas opposés tous, comme une sorte de rempart vivant, aux lames qui nous assaillaient, et si trois des soldats ne se fussent pas mis à vider, avec leurs schakos, l'eau qui entrait malgré toutes nos précautions la chaloupe était submergée.

Que l'on se représente quatre-vingt-dix infortunés abandonnés sur un frêle esquif, à la fureur des flots, et luttant ainsi avec les ondes prêtes à engloutir leur proie ; quel spectacle et surtout quelle leçon pour celui qui ose nier la Divinité !

Cependant, vers les huit heures le vent se calma et nous pûmes prendre une meilleure direction ; à neuf heures nous vîmes la terre et portés par le vent , nous ne tardâmes pas à l'approcher ; le grapin fut jeté.

Afin de ne pas échouer , on fila la corde , et nous fûmes assez heureux pour venir près de terre à un mètre d'eau ; mais lorsqu'il fallut quitter cette chaloupe sur laquelle nous avions vu tant de fois la mort de près, tout le monde s'y refusa.

Traverser un désert affreux sans aucun moyen d'existence , se livrer aux attaques des bêtes féroces et aux mauvais traitements des Maures , étaient autant de dangers grossis par l'imagination désordonnée de mes compagnons d'infortune.

Nous n'avions que deux partis à prendre , celui de rester sur la chaloupe , où nous aurions infailliblement fini par sombrer ou chavirer , ou l'abandonner pour aller nous exposer dans le désert à des dangers d'une autre nature.

Dans cette position , ce n'était pas un ordre , mais un exemple qu'il fallait donner. Je ne balançai pas et je descendis le premier avec l'adjudant Petit et le naturaliste Léchenaux ; les soldats auxquels se joignirent quelques marins et passagers , descendirent comme nous.

Avant de prendre ce parti décisif , j'avais fait mes adieux au brave Espiaux , je lui avais recommandé, s'il échappait à la mort, de prévenir ma famille qu'il m'avait débarqué dans le désert de Zahara ; il me le promit, les yeux baignés de larmes.

Espiaux et moi nous avons survécu à cette scène déchirante ; nous avons revu nos parents, nos amis, notre patrie ; l'homme n'est donc pas né pour le malheur.

Le lieutenant Espiaux remit à la voile, et reprit, avec trente-deux personnes, la route du Sénégal. Il nous laissa à regret dans le grand désert de Barbarie, près du Cap-Mérick.

En mettant le pied à terre, notre premier soin fut de rendre des actions de grâces à Dieu, pour le remercier de la protection visible qu'il nous avait conservée jusqu'à ce jour ; la femme du caporal Grevin récita l'*Angelus*. Nous priâmes tous notre sainte et bonne Mère d'intercéder pour nous, et après les moments consacrés à son culte, nous parcourûmes du regard le désert immense où nous nous trouvions débarqués, et sur lequel les Européens n'ont que des notions incertaines.

Le Zahara est une vaste étendue de pays comprise entre le Bildulgérid, la Nigritie, et cette partie de la Guinée où se trouve l'embouchure du Sénégal.

C'est une mer de sable blanc, fin et mouvant. Sur cette mer sèche, à peine trouve-t-on, de loin en loin, quelques îles où la végétation ait pu s'établir ; certes, ces îles, qu'on ne peut qu'imparfaitement comparer aux anciennes oasis de la Thébaïde, sont rares dans le Zahara. Réunies, elles ne formeraient pas la millième partie de ce désert, qui a cent quatre-vingt mille lieues carrées de superficie.

Les sables, composés de grains infiniment petits, sont d'une très-grande profondeur ; les vents les agitent comme les flots de la mer ; ils en forment des montagnes qu'ils effacent, qu'ils dissipent bientôt après ; ils les élèvent à une très-grande hauteur, et le soleil en est obscurci.

Cet océan sablonneux est habité par les Maures, nation perfide et cruelle, qui dans leurs voyages le traversent dans tous les sens, et y cultivent le peu de terre susceptible de production.

Ces contrées sont aussi remplies de tigres, de léopards, et de lions, dont la chaleur du climat augmente la férocité.

C'est là que nous fûmes débarqués le 6 juillet, à dix heures du matin, sans vivres, sans eau, ignorant la route que nous devions tenir. Mais la foi que nous avions dans la protection de la Providence animait notre courage et fortifiait notre espérance.

L'adjudant Petit gagna un monticule pour s'orienter et découvrir quelques moyens de salut ; il n'aperçut rien.

Cette immense surface, dépouillée de tout signe de végétation, ressemble à la mer, lorsqu'elle n'est point agitée par les vents.

A peine délivrés des horreurs du naufrage et sortis vivants du gouffre de l'Océan, nous voilà replongés, dans un autre abîme, dans l'abîme immense du désert.

CHAPITRE VI.

Distribution d'armes. — Serment. — Ordre de marche. — Nouvelles séries d'infortunes. — Mottes d'Angel. — Souffrances. — Privations. — Mort. — Abattement. — Délire.

J'avais eu la précaution, avant le débarquement, de faire prendre dix fusils qui étaient dans la chaloupe, j'en armai les meilleurs tireurs; presque tous nos autres compagnons avaient une épée ou une baïonnette. Nous avions pour munition un petit baril de poudre et quelques plaques de plomb tirées de la frégate, qu'un matelot avait eu le soin de conserver. Si alors une troupe de Maures nous eût attaqués, nous aurions pu leur opposer une assez forte résistance.

Après cette distribution je rassemblai tous mes compagnons d'infortune et je leur parlai à-peu-près en ces termes :

« Mes braves amis, le malheur nous poursuit ; à peine échappés à un danger nous retombons dans un autre.

» La mer nous a vomis dans un désert où nous ne trouverons peut-être aucune ressource contre la soif et la faim ; montrons du courage et espérons tout de la Providence.

» S'il faut succomber aux besoins les plus pressants, sachons mourir ; respectons surtout les droits de l'humanité ; qu'on ne dise jamais de nous : des Français ont bu le sang de leurs frères, ils se sont rassasiés de leur chair, des Français ont été anthropophages ! »

Ces paroles produisirent la plus vive impression ; nous fîmes tous le même serment et nous l'avons tenu.

Je fis alors prendre par le sergent-major Reynaud le nom de tous mes compagnons, afin que ceux qui survivraient pussent donner aux familles des renseignements sur ceux que la mort auraient frappés.

Nous nous trouvâmes cinquante-huit, dont voici la liste :

1 D'Anglas, lieutenant de la 1re compagnie. . . . . 22 ans.

1 Petit, adjudant sous-officier. . . . . , ... 28

1 Reynaud, sergent-major de la 1re compagnie. . . . 29

1 Mitier, fourrier de la 1re compagnie. 25

6 Caporaux.

44 Soldats.

1 La femme d'un caporal.

3 Marins.

1 Laboulet, payeur de la colonie. 57

1 Leichenaux, naturaliste. 58

1 Lerouge, commis de marine. 49

1 Defermon, docteur de l'hôpital. 21

1 Defermon cadet, guetteur. 18

58

Ce relevé fut bientôt dressé et resta entre les mains de l'adjudant. Je fis comprendre à tous la nécessité de l'ordre et de l'union.

Quatre hommes et un caporal furent placés à quatre cents mètres de distance en forme d'arrière-garde ; huit hommes et le sergent-major à leur tête formaient notre avant-garde ; je plaçai ensuite sur notre flanc gauche deux caporaux en observation, notre flanc droit était défendu par la mer.

Le reste de ma petite troupe se composait de l'adjudant sous-officier, du fourrier et de quarante-deux hommes. Nous marchions en ordre. Je pris ces précautions contre les attaques des Maures que nous redoutions à l'égal des bêtes féroces.

M. Correard a dit dans sa relation que l'adjudant Petit avait pris le commandement de ma petite troupe. Personne n'ignore à qui appartient le droit de commander. Cette observation n'enlève rien au mérite de M. Petit, militaire plein d'honneur et de bravoure. Il en avait donné des preuves dans les dernières campagnes de l'Empire. Décoré de la croix des braves sur le champ de bataille, il savait trop bien la porter pour oublier le moindre de ses devoirs, justice et honneur lui ont été rendus. Arrivé au grade de lieutenant-colonel, il est décédé au Val-de-Grâce à l'âge de cinquante-huit ans, à la suite d'une maladie d'entrailles contractée dans les colonies, françaises.

Je continue. Notre marche ainsi réglée, nous nous mîmes en route pour prendre la côte à l'est. Mais bientôt une nouvelle série d'infortunes commença pour nous. Le soleil frappait à plomb sur nos têtes et nous occasionnait les douleurs les plus aiguës; j'éprouvais dans mon cerveau une fermentation continuelle. Je le comparais alors à un vase rempli d'huile bouillante. Il faut avoir ressenti les effets d'un soleil brûlant, pour reconnaître la justesse de cette expression.

Les premières atteintes de la soif, dont la fatigue et la chaleur augmentaient la force d'un moment à l'autre, vinrent se joindre à nos souffrances; point d'eau pour se désaltérer, aucune espérance d'en découvrir et une longue route à faire.

Nous la continuâmes cependant ; sur le soir nous aperçûmes trois montagnes de sable, les Mottes d'Angel : le passage est affreux. La mer, en frappant contre la partie inférieure de la montagne, l'avait creusée, le sommet pendant et sans appui visible, menaçait d'ensevelir sous des monceaux de sable ceux qui tentaient un pareil passage, ce danger est peut-être une illusion, mais le malheureux voit dans tout ce qui l'environne des objets de crainte et des instruments de mort. J'avoue que dans ce passage je ne pus me défendre d'un mouvement de terreur, néanmoins ce périlleux défilé fut bientôt franchi.

Là, commença pour nous un bien triste spectacle, la côte était couverte d'une grande quantité d'épaves maritimes. La vue de ces objets jetés à la côte nous rappelait notre triste naufrage.

Des mâts, des planches brisées, des avirons obstruaient très-souvent notre marche. La vue de ces objets portait la tristesse dans notre cœur. Ils étaient des indices bien certains, que de malheureuses créatures avaient éprouvé un sort plus à plaindre que le nôtre.

Continuant notre route, à une légère distance des Mottes d'Angel, nous aperçûmes des cabanes. Nous les crûmes habitées et nous en approchâmes avec beaucoup de circonspection ; elles étaient désertes.

Une grande quantité de pattes de sauterelles en jonchaient l'intérieur ; cette découverte singulière nous fit penser que ces cabanes avaient quelque temps servi d'habitation à des Maures, et que, suivant leur usage, ces hommes sauvages s'étaient nourris de sauterelles quand ils habitaient ces contrées à l'époque du passage de ces insectes.

Ces cabanes creusées dans le sable, couvertes des débris de navires, servent de retraite aux Maures qui viennent pêcher dans ces parages. Elles étaient si malpropres et si incommodes,qu'il nous fut de toute impossibilité d'y prendre quelques moments de repos.

Nous continuâmes notre route ; mais la nuit, et surtout la lassitude, nous forcèrent bientôt à nous arrêter. Nous n'avions ni bu ni mangé de la journée. Afin d'apaiser la soif et la faim qui nous dévoraient, nous choisîmes un endroit à l'abri du vent et nous appelâmes le sommeil à notre secours.

Pendant cette première nuit passée dans le désert, les rugissements des lions nous réveillèrent souvent ; nos armes étaient près de nous en cas d'attaque, mais heureusement nous n'eûmes pas besoin d'en faire usage.

A deux heures du matin, nous nous remîmes en route, soutenus par l'espoir de trouver un peu d'eau et des racines ; mais nos recherches, qui ne firent qu'accroître la lassitude dont nous étions accablés, furent inutiles, il fallut se résoudre à boire de l'eau de mer.

Des coliques affreuses, des vomissements continuels furent le résultat de cette boisson malfaisante, qui redoublait notre soif au lieu de la calmer. Quelques-uns tentèrent de boire leur urine, mais après plusieurs essais dégoûtants, ils y renoncèrent.

La nuit arriva et nous la passâmes derrière un monticule de sable; heureux ceux qui pouvaient jouir de quelques instants de sommeil; quant à moi je ne pus fermer l'œil. J'étais étendu auprès d'un soldat qui dormait profondément. Je désirais que cet homme ne se réveillât jamais, tant je prévoyais les souffrances que nous allions endurer.

Le troisième soleil se leva sur nos têtes depuis notre débarquement. Son ardeur insupportable rendit plus vives nos privations toujours croissantes; exténués de soif, de faim et de fatigue, nous ne tenions plus à la vie que par le souffle; nos lèvres se gerçaient, notre peau se desséchait, celle du ventre était collée contre nos reins, notre langue était noire et retirée dans le gosier.

Nous avions jusqu'alors redouté la rencontre des Maures; mais dans ce moment nous les eussions regardés comme nos libérateurs. Qu'ils viennent, disions-nous, qu'ils nous chargent de fers, qu'ils nous fassent esclaves, pourvu qu'ils nous donnent de l'eau.

Le quatrième jour fut plus terrible encore! Chacun croyait toucher à son dernier moment; le vent du désert soufflait avec violence, élevé en l'air, le sable donnait à l'atmosphère l'apparence d'une vapeur sombre, et, pénétrant dans la bouche, les yeux et les narines, y causait une irritation douloureuse, et augmentait les tourments de la soif.

Ce tourment fut aggravé par le phénomème du mirage qui de toutes parts nous présentait l'image de lacs d'eau limpide qui réfléchissaient distinctement les objets environnants. Une femme fut la première victime, elle tomba sur le sable sans force et sans vie. La vue de cette infortunée troubla notre imagination ; il nous semblait voir d'avance le sort qui nous attendait. Pour nous dérober à cet affreux spectacle, nous nous traînâmes vers une mare d'eau salée, où nous passâmes la nuit, sans cesse réveillés par le sifflement des reptiles et le cri des oiseaux de proie.

La femme dont nous venons de parler était l'épouse du caporal Grevin, soldat courageux et dévoué, qui ne put se déterminer à abandonner sa malheureuse compagne ; afin de ne pas interrompre le cours de notre rècit, nous donnerons plus tard l'histoire de ce vieux soldat de l'Empire , elle sera le complément de celle des naufragés du désert.

Continuons notre récit :

Le lendemain, à trois heures du matin, nous voulûmes nous remettre en route ; mais quel fut notre désespoir lorsque la moitié de nos compagnons ne put ni se lever ni se tenir debout.

J'étais de ce nombre ; un engourdissement répandu sur tous mes membres semblait les avoir paralysés ; j'avoue qu'alors je perdis tout espoir.

Je suppliai un matelot de m'arracher la vie d'un coup de pistolet ; mais il fut sourd à ma prière.

Cependant la chaleur du soleil rendit un peu de mouvement à nos corps affaissés ; nous en profitâmes pour ramper aussi loin qu'il fut possible.

Mais, dans la nuit du cinquième au sixième jour, nous perdîmes presque tous l'usage de nos sens ; la langue ne pouvait articuler, il fallait se parler par signes ; en proie à la plus violente frénésie, nous eûmes besoin de nous rappeler notre serment.

Personne n'osa le rompre. Que l'on juge de notre état, par le moyen que nous employâmes le sixième jour pour alléger nos tourments.

Après avoir serré l'extrémité de nos doigts, au point d'arrêter la circulation du sang ; nous les piquions avec une épingle pour sucer le sang qui en sortait.

Quel secours ! cinq à six de nous périrent, et leurs cadavres, étendus dans le désert, durent sans doute servir de pâture aux bêtes féroces.

CHAPITRE VII.

A deux heures du matin l'adjudant Petit et trois soldats qui avaient conservé un peu de force, s'avancèrent à un demi-quart de lieue; ils aperçurent des cabanes; ils n'en étaient qu'à quelques pas, lorsqu'une trentaine de Maures en sortirent armés de mauvais sabres et de poignards, en poussant des hurlements terribles.

Epouvantés par cette attaque imprévue, nos compagnons voulurent, en se sauvant, préserver leur vie qu'ils croyaient menacée, mais ils furent enveloppés et l'un d'eux reçut une blessure assez grave.

L'adjudant Petit fut plus heureux, il s'échappa et vint nous donner cette nouvelle; l'impossibilité de fuir, et surtout la soif, nous déterminèrent à aller au devant de ces barbares.

Ils nous entourèrent en criant, et nous fûmes bientôt dépouillés de tous nos vêtements, nos chemises ne furent pas même respectées.

Nous eûmes l'air de nous soumettre de bon cœur à cette spoliation, aucune plainte ne sortit de notre bouche, nous ne disions qu'un mot : de l'*eau* !

Ils nous conduisirent alors dans un fond où nous en trouvâmes; malgré son amertume, son odeur infecte et la mousse verte qui la couvrait; elle fut pour nous le plus grand des bienfaits. Nous fûmes près d'une heure sans pouvoir nous désaltérer; je puis dire, sans exagérer, que nous en bûmes chacun plus de dix bouteilles; mais notre estomac ne pouvant la supporter; nous la rejetions un instant après, telle que nous l'avions prise.

Ce premier besoin satisfait, les Maures nous firent signe de nous approcher de leur cabane. Le chef de la tribu ayant remarqué les égards que l'on avait pour moi et pour l'adjudant Petit, nous prit par la main et nous fit asseoir sur le sable.

Les autres Maures formaient un cercle autour de nous, tandis que les femmes et les enfants se partageaient nos dépouilles et manifestaient leur joie féroce par des danses et des cris.

Je me plus à examiner ce chef barbare, dont la vue m'avait frappé.

Sa taille était petite, mais bien proportionnée ; un nez aquilin, des yeux grands et vifs, une petite bouche ornée de belles dents, des cheveux courts et une longue barbe, lui donnaient une physionomie toute particulière qui le distinguait de ses compagnons.

Son costume répondait à la dureté de ses traits ; une peau hérissée de poils le couvrait jusqu'à la ceinture. Un long coutelas était suspendu à son côté. Sa tête était nue : je fus surpris qu'un mahométant ne portât pas de turban.

Il me fit en mauvais anglais plusieurs questions que j'avais bien de la peine à saisir.

— Quel est ton pays ? — La France.

— D'où viens-tu ? — De ma patrie.

— Comment te trouves-tu ici ? — La tempête m'y a jeté.

— Où est le vaisseau qui te portait ? — La distance d'un soleil à l'autre suffirait pour arriver à l'endroit où il se trouve.

— Que renferme-t-il ? — Des toiles, des fusils, de la poudre, du tabac et de l'argent.

Je lui dis ensuite que notre seul désir était de nous rendre au Sénégal où résidait notre gouverneur, et je lui offris pour récompense, s'il voulait nous y conduire, du tabac, de la poudre et des fusils.

Le Maure goûta cette proposition : il se munit d'une peau de bouc pleine d'eau, et nous fit prendre la route du Sénégal; un morceau de poisson sec rempli de vers fut la seule nourriture que nous prîmes avant notre départ ; quel repas après six jours de privations.

Nous marchâmes toute la journée et une partie de la nuit. A onze heures du soir, nous arrivâmes auprès de quelques cabanes creusées dans le sable, soutenues par des épines et habitées par des Maures de la même tribu que nos conducteurs.

On nous accabla d'insultes. Les traînards de la troupe ne purent obtenir un verre d'eau bourbeuse et saumâtre qu'en donnant deux ou trois mouchoirs sauvés du pillage. Nous prîmes cette nuit deux heures de sommeil, après lequel nous nous mîmes en route.

A peine avions-nous marché une heure, que nous aperçûmes sur le bord de la mer une grande quantité de Maures qui se dirigeaient de notre côté en poussant des cris.

Quand ils furent à vingt pas de nous, l'un d'eux, c'était le chef, nous dit de nous arrêter et de ne rien craindre.

Il nous fit entourer par quelques-uns de ses gardes, tandis que les autres attaquèrent et mirent en fuite la bande qui nous conduisait. Le chef voulut opposer quelque résistance, mais il fut pris et renvoyé honteusement après qu'on lui eut coupé la barbe en signe de mépris.

Nous changeâmes de maître sans changer de malheur.

Vous êtes à moi, nous dit Hamet, chef de cette nouvelle troupe et prince des Maures pêcheurs; il ordonna aussitôt à quatre de ses gens de nous conduire à son camp. Son ordre fut exécuté.

Le soir, après une marche fatigante, nous atteignîmes quelques cabanes où nous ne trouvâmes que des femmes et des enfants : c'était le terme de notre voyage; nous y séjournâmes deux jours pour attendre le prince Maure; durant ce temps nous eûmes pour toute nourriture de l'eau saumâtre, et des crabes que nous attrapions sur le bord de la mer, et que nous mangions toutes vivantes.

Ce fut-là que nous éprouvâmes pour la première fois les douleurs les plus aiguës; de petites vessies, produites par l'ardeur du soleil nous couvraient tout le corps, elles crevaient lorsque nous nous couchions à terre, et se remplissaient de sable fin ; pour nettoyer ces plaies qui dégénéraient bientôt en ulcères, nous fûmes obligés de recourir à l'eau de mer; on ne peut se faire une idée des souffrances que nous endurions dans l'emploi d'un remède aussi cruel.

Hamet étant arrivé, nous reprîmes notre marche; après quelques heures de route, nous arrivâmes à son camp; il nous fit distribuer par un de ses esclaves noirs, dix gros poissons, et pour chacun de nous deux verres d'eau; il me fit ensuite appeler.

Il était dans sa tente couché au milieu de ses femmes et fumant gravement du tabac dans une longue pipe. Français, me dit-il, que me promets-tu si je vous conduis au Sénégal; je lui promis tout.

Ebloui par mes offres un peu exagérées; il donna l'ordre de partir à l'instant même; cette résolution nous arracha aux travaux les plus durs et les plus humiliants. Les femmes surtout mettaient du raffinement dans leur cruauté.

Il nous fallait décharger les chameaux, arracher des racines pour faire du feu, etc., etc. Une de ces femmes (je me le rappellerai longtemps), lorsque je venais de laver mon corps avec de l'eau de mer, jeta une poignée de sable sur mes plaies encore humides; je doute que l'on pût trouver un autre exemple d'une pareille barbarie.

Le quatrième jour de notre captivité, aux premiers rayons du soleil, nous découvrîmes un navire qui semblait s'approcher de la côte ; la vue du pavillon français nous fit tressaillir.

C'était l'*Argus* qui louvoyait. Malgré tous nos signaux, le navire s'éloigna, on nous avait pris pour des Maures. Cet éclair d'espérance augmenta notre abattement.

Nous marchâmes encore deux jours sans trouver une goutte d'eau ; les Maures nous donnèrent à boire de l'urine de chameau mêlée avec du lait ; cette boisson n'avait rien de désagréable , je la préférais même à l'eau dégoûtante que nous avions bue jusqu'alors.

Il y avait déjà six jours que nous avions été pris par les Maures , lorsqu'un marabout nègre vint à nous, monté sur un chameau. Il nous dit que le gouverneur français l'avait envoyé à notre rencontre, et qu'il était suivi d'un officier anglais qui venait pour nous racheter et nous conduire au Sénégal.

Ce ne fut que le neuvième jour , à dater de notre esclavage , que l'officier anglais nous rencontra. Il était vêtu comme un Maure. Lui seul, dans Saint-Louis, avait osé braver tous les dangers pour hâter notre délivrance. Gloire et reconnaissance au brave Karnet! C'est le nom de ce vertueux officier.

A peine arrivé, il demanda, l'officier français qui commandait notre petit détachement ; je m'approchai , il me remit une lettre d'Espiaux , dont voici la copie :

« *A M. d'Anglas, lieutenant, commandant la portion d'équipage de* la Méduse , *débarqué près les Mottes-d'Angel.*

» Fort Saint-Louis , le 13 juillet 1816.

» La personne qui vous remettra cette lettre , mon cher d'Anglas, est un officier anglais , dont l'âme grande et généreuse le porte à s'exposer à tous les désagréments et à tous les dangers d'un voyage vers l'endroit où vous êtes débarqués , pour vous procurer les soulagements que votre situation comportera ; il connaît parfaitement le pays et la langue en usage ; rapportez-vous-en donc à ses lumières , et suivez ponctuellement tous les conseils qu'il vous donnera ; je suis persuadé que c'est le moyen le plus sûr pour vous rendre avec sûreté au fort Saint-Louis , l'équipage restant dans la chaloupe.

» Le canot-major , etc. , etc. , sont arrivés ici. Nous avons trouvé l'accueil le plus généreux ; nos maux sont déjà adoucis , et nous n'attendons , pour nous livrer à toute notre joie , que le moment de notre réunion avec les infortunés qui sont avec vous.

» Adieu , mon cher , je vous embrasse ; prenez courage , et tâchez de le soutenir dans l'âme de ceux qui vous accompagnent.

» Votre ami , Espiaux. »

Les premiers soins de M. Karnet furent donnés à notre nourriture ; il partagea avec moi deux petits pains de sucre et quelques pains américains. Il fit ensuite distribuer aux soldats et aux matelots quelques onces de riz ; ceux-ci n'ayant pas eu la patience de le faire cuire , le mangèrent cru, et s'exposèrent ainsi à de fortes indigestions.

Cette première leçon fut perdue pour eux ; ils mangèrent la viande coriace d'un bœuf qu'ils avaient tué ; des coliques très-fortes et des vomissements , qui durèrent près de deux heures , furent le résultat de cette imprudence. La manière dont nous avons fait cuire ce bœuf est assez curieuse pour être rapportée ; nous la tenions des Maures qui nous accompagnaient :

Nous commençâmes par faire un creux dans le sable et par le faire bien chauffer. Cette première opération terminée , nous jetâmes dans ce creux le bœuf , après en avoir enlevé la peau et les entrailles. Nous le recouvrîmes de sable , et nous fîmes un nouveau feu.

Ainsi cuit, le bœuf fut distribué ; plusieurs de nous en mangèrent plus de six livres. Un Italien, entr'autres, en mangea avec tant de voracité , que le lendemain , il ne pouvait faire aucun mouvement ; son ventre énorme , ses gros soupirs, et les contorsions qu'il faisait pour se lever , nous égaient un instant ; on le soulève et on l'aide à marcher.

Ce jour-là, nous revîmes *l'Argus*, qui pouvait être à une demi-lieue de nous; l'officier anglais tira plusieurs coups de fusil pour nous faire reconnaître; le brick s'approcha de terre autant qu'il le put, et mit une embarcation à la mer. Les brisans étaient trop forts; l'embarcation fut dans l'impossibilité de toucher terre. Alors Hamet, son frère, et le brave Karnet se jetèrent à l'eau, joignirent l'embarcation et arrivèrent près du brick.

M. Parnajon, capitaine du brick, reçut l'officier anglais de la manière la plus amicale. Il lui remit un baril de biscuits et quelques bouteilles d'eau-de-vie, pour que la distribution en fût faite à mon détachement.

Les deux Maures et M. Karnet se replacèrent dans le canot; lorsqu'ils furent près des brisans ils jetèrent la barrique à l'eau, et la conduisirent, en nageant, jusqu'à terre.

Je distribuai de suite une ration double à chaque homme, et je fis placer le reste sur le chameau de Karnet.

Nous apprîmes alors que nous étions encore à vingt lieues du Sénégal; ce trajet était bien long pour des hommes exténués de fatigues; j'aurais pu me l'épargner en entrant dans le brick, mais il y aurait eu de la lâcheté à abandonner mes compagnons d'infortune, et je restai.

Le lendemain je partis, accompagné de mon guide Abdallah,
pour aller à Saint-Louis, faire préparer des vivres et tout ce qui
pouvait être utile à ma petite troupe ; mais craignant d'arriver
un peu tard, je me fis précéder par un jeune Maure qui devait
porter au gouverneur une lettre, dans laquelle je lui deman-
dais des ânes et des chameaux pour transporter mon détachement.

La commission fut faite ; le gouverneur, à la réception de ma
lettre, s'empressa d'envoyer les bêtes de somme qu'il put se procurer. Je les rencontrai à une journée du Sénégal, couduites par
des Maures.

Le 22 juillet, à six heures du soir (cette époque restera gravée
dans ma mémoire) j'arrivai au petit village de Guetandard, situé
sur les bords du fleuve du Sénégal.

Depuis une heure j'apercevais la tête des palmiers qui s'élèvent
dans l'île de Saint-Louis, et qui servent de point de ralliement aux
navires pour reconnaître ce comptoir.

Le chef nègre de ce village, me fit passer la rivière dans une
petite pirogue ; rien ne saurait égaler ma joie, lorsque je me vis
sur l'autre bord.

Accompagné de mon guide Abdallah, je courus de suite chez le gouverneur ; il demeurait dans la maison de MM. Durécu et Potin, négociants français, qui lui avaient donné la plus généreuse hospitalité.

Je me présentai presque nu ; un pantalon que m'avait donné M. Karnet formait mon seul habillement ; ma peau basanée, ma figure pâle et décharnée, les nombreuses cicatrices qui tachetaient mon corps, tout concourait à me donner une physionomie hideuse.

Les soins les plus minutieux me furent prodigués ; à chaque marque d'intérêt que l'on me donnait, je me sentais renaître ; je faisais un pas dans la vie.

Je n'oublierai jamais la conduite obligeante que tînt à mon égard M. Durécu, oncle et associé de M. Potin.

Cet estimable négociant, touché de l'état de nudité où il me voyait, courut chercher tout ce qui pouvait m'être nécessaire, une chemise, des souliers, un habit, etc. Habillez-vous, me dit-il, et disposez en tout de moi ; voilà du linge, voici ma table, je regarde tous les naufragés comme mes amis.

Le lendemain de mon arrivée, je me transportai à l'hôpital anglais pour voir ceux de mes camarades qui avaient été sur le radeau. Je les trouvai tous couchés, à l'exception du sous-lieutenant Lozach, dont les plaies commençaient à se cicatriser.

Je dois rendre à M. Correard cette justice, il me parut le plus maltraité. Couché sur le ventre, il ne pouvait se remuer. Je lui fis offrir un pot de confiture dont j'avais fait l'acquisition, mais il le refusa. Craignait-il alors de me devoir quelque reconnaissance ?

CHAPITRE VIII.

Marche des embarcations. — Rencontre de la chaloupe avec les autres embarcations. — La chaloupe prend quinze hommes de la yole. — Tous les équipages abordent. — Fatigues et privations dans le désert. — On rencontre les Maures. — Le brick apporte des vivres à la caravane arrivée à Saint-Louis.

Nous venons de terminer le récit des souffrances inouïes contre lesquelles nous eûmes à lutter pendant onze jours. Reportons un moment nos regards en arrière et faisons connaître quelles furent les manœuvres et le sort des embarcations lorsque la corde qui servait à remorquer le radeau vint à casser.

Deux de ces embarcations parvinrent à gagner le Sénégal sans accidents; ce furent celle du capitaine de la frégate et le grand canot dans lequel se trouvait le gouverneur du Sénégal et sa famille, ainsi que le chef de bataillon des troupes.

Elles arrivèrent le 9 juillet vers dix heures du soir à bord de la corvette l'*Echo*, qui était mouillée sur la rade Saint-Louis.

La yole ne pouvant plus tenir contre la violence du vent, demanda du secours à la chaloupe, qui se chargea des quinze personnes qui se trouvaient sur ce frêle esquif. Singulière suite d'événements!

Si le 6 juillet nous n'eussions pas débarqué soixante-trois dans le désert, la chaloupe n'aurait pu recevoir les quinze personnes qui se trouvaient dans la yole. Nous eussions eu la douleur de les voir périr devant nous sans pouvoir les secourir.

Le canot major et celui du Sénégal qui s'étaient beaucoup rapprochés de la côte et qui n'avaient pu résister à la violence du gros temps, et dépourvus de vivres, avaient également été obligés de faire côte dans la journée du 8 juillet, le premier à onze heures du matin, le second à cinq heures du soir.

Le même jour, à deux heures du soir, les hommes qui étaient restés dans la chaloupe, tourmentés par une soif ardente et une faim qu'ils ne pouvaient satisfaire, forcèrent par leurs demandes réitérées à faire côte. Ce qui eut lieu le même jour.

Laissons parler M. Bredit, ingénieur des mines de Galam :

« Une heure après le débarquement des soixante-trois hommes, nous aperçûmes derrière nous quatre de nos embarcations. M. Espiaux, malgré les cris de son équipage qui s'y opposait, baisse les voiles et met en travers pour les attendre. *Ils nous ont refusé de prendre du monde, faisons mieux maintenant que nous sommes allégés, offrons de leur en prendre.*

» Il leur fit, en effet, cette offre, dès qu'elle fut à la portée de la voix ; mais au lieu d'approcher franchement, elles se tinrent à distance.

» La plus légère des embarcations (c'était la yole), va de l'un à l'autre pour les consulter. Cette défiance venait de ce qu'elles pensaient que, par une ruse de guerre, nous avions caché tout notre monde sous les bancs, pour nous élancer ensuite sur les hommes quand ils seraient assez près, et telle était cette défiance, qu'ils prirent le parti de nous fuir comme des ennemis.

» Ils craignaient tout notre équipage, qu'ils croyaient révolté ; cependant nous ne mettions d'autres conditions, en recevant du monde, que de prendre de l'eau.

» La soif continuait à se faire sentir; quant au biscuit, nous n'en manquions pas.

» Plus d'une heure s'était écoulée depuis cet incident, la mer devint grosse, la yole ne put tenir. Elle arriva enfin vers nous.

» Mon camarade Chasteluz était un des quinze hommes qu'elle renfermait. Nous songeons d'abord à son salut. Il s'élance sur notre chaloupe, je le retiens par le bras et l'empêche de tomber à la mer. Nous nous serrâmes la main , quel langage !

» La chaleur fut très-forte pendant la journée du 6. Nous étions réduits à une ration d'un verre d'eau sale ou puante. Encore si nous en avions eu avec abondance ! Pour tromper notre soif , nous mettions un morceau de plomb dans la bouche ; c'était un triste expédient !

» La nuit vint encore ; elle fut la plus terrible de toutes ; le clair de lune nous faisait apercevoir une mer furieuse.

» Des lames longues et creuses menacèrent vingt fois de nous faire disparaître. Le timonier ne pouvait croire que nous pussions échapper à toutes celles qui arrivaient.

» Si nous en avions embarqué une seule , notre fin était venue ; le timonier mettait le gouvernail en travers, et la chaloupe faisait capot.

» Ne valait-il pas mieux disparaître d'un seul coup que de mourir lentement ?

» Vers le matin la lune étant couchée, excédé de besoin, de fatigue et de sommeil, je cède à mon accablement, et je m'endors malgré les vagues prêtes à nous engloutir.

» Les Alpes et leurs sites pittoresques se présentent à ma pensée. Je jouis de la fraîcheur de l'ombrage ; je renouvelle les moments délicieux que j'y ai passés, et comme, pour ajouter à mon bonheur actuel par l'idée du mal passé, le souvenir de ma sœur, fuyant avec moi dans les bois de Kaiserlantern les cosaques qui s'étaient emparés de l'établissement des mines, tout cela est présent à mon esprit.

» Ma tête était penchée au-dessus de la mer. Le bruit des flots qui se brisent contre notre frêle barque, produit sur mes sens l'effet d'un torrent qui se précipite du haut des montagnes; je crois y plonger tout entier.

» Cette douce illusion ne fut pas complète; je me réveillai, et quel réveil, grand Dieu! Ma tête se soulève, douloureusement je décolle mes lèvres enflammées, et ma langue desséchée n'y trouve qu'une croûte amère de sel, au lieu d'un peu de cette eau que j'avais vue dans mon rêve.

» Le moment fut affreux, et mon désespoir extrême. Je pensai me jeter à la mer, et terminer ainsi en un instant mes souffrances. Ce désespoir fut court, il y avait plus de courage à souffrir.

» Un bruit sourd, qu'on entendait au loin, ajouta aux horreurs de cette nuit. La crainte que ce ne fût le bruit de la barre du Sénégal, empêcha qu'on ne fît tout le chemin qu'on aurait dû faire.

» Nous n'avions aucun moyen de savoir où nous étions. L'erreur était grande; ce bruit n'était que celui des brisans qui se trouvent sur toutes les côtes d'Afrique.

» Depuis, nous avons su que nous étions encore à plus de soixante lieues du Sénégal.

» Dans la journée, vers le milieu du 8 juillet, un de nos canots fit route avec la chaloupe. Il souffrait plus que nous, et résolut de faire de l'eau à terre, si cela était possible ; mais les marins révoltés exigèrent qu'on y débarquât tout-à-fait : il y avait deux jours qu'ils n'avaient bu.

» L'officier voulait s'y opposer ; les matelots avaient le sabre à la main. Une boucherie épouvantable fut sur le point d'avoir lieu à bord du malheureux canot.

» Les deux voiles furent hissées, pour aller échouer plus promptement à la côte ; tout le monde arriva à terre ; le bâteau s'emplit d'eau et fut abandonné.

» Cet exemple, funeste pour nous, donna à nos matelots l'envie d'en faire autant. M. Espiaux consentit à les mettre à terre ; il espérait pouvoir ensuite, avec le peu d'eau qui restait, et en manœuvrant nous-mêmes, aller au Sénégal.

» Nous entourons donc ce peu d'eau, et nous nous armons de nos épées pour la défendre. On se porte près des brisans ; on jette l'ancre, et l'officier donne l'ordre de filer la corde doucement ; les marins, au contraire, lâchèrent la corde ou la coupèrent. La chaloupe n'étant plus retenue, est entraînée sur un premier écueil.

» L'eau passe par dessus nos têtes et emplit la chaloupe aux trois-quarts : elle ne coule pas.

» Sur-le-champ, on déploie une voile qui nous emporte à travers les autres brisans. La chaloupe s'emplit tout-à-fait; nous coulons; mais il n'y avait plus que 1 mètre 50 centimètres d'eau : tout le monde se jette à la mer, et personne ne périt.

» Ainsi, je me trouvais sur la côte d'Afrique, n'ayant dans mes poches que quelques galettes de biscuit trempées d'eau salée, pour la nourriture de plusieurs jours, sans eau, au milieu d'un désert de sables brûlants, où errent des hommes cruels : c'était quitter un danger pour un autre plus grand.

» Nous résolûmes de suivre toujours le bord de la mer, la brise nous rafraîchissant un peu; de plus, le sable mouillé était plus doux que le sable fin et mouvant dans l'intérieur. Avant de commencer notre route, nous attendîmes l'équipage du canot qui avait fait côte avec nous.

» Nous marchions depuis une demi-heure , lorsque nous vîmes un autre canot qui s'avançait à pleine voile : il vint échouer.

» Il renfermait toute la famille Picard, composée de Monsieur, de Madame , de trois grandes demoiselles , et de quatre petits enfants en bas-âge, dont un à la mamelle.

» Je me déshabille et me jette à la mer pour aider cette malheureuse famille ; je contribue à mettre M. Picard à terre : tout le monde est conservé.

» Les officiers réunirent leurs équipages, les rangèrent en ordre et firent route pour le Sénégal. Mais nous étions dans l'abandon, dépourvus de toutes ressources, sans guide, sur une côte peuplée de barbares.

» La soif et la faim nous assaillaient d'une manière cruelle ; les rayons du soleil ardent qui se réfléchit sur ces immenses plaines de sable, aggravaient encore nos souffrances.

» Le jour, accablés par une chaleur excessive, nous pouvions à peine faire un pas ; la fraîcheur du soir et du matin pouvait seule favoriser notre pénible marche. Ayant, après des peines infinies, franchi des dunes, nous trouvâmes de vastes plaines où nous eûmes le bonheur de découvrir de l'eau, après avoir fait dans le sable des trous à une certaine profondeur : ce liquide bienfaisant rendit à tout le monde l'espérance et la vie. On resta deux heures à cet endroit, et on tâcha de manger un peu de biscuit pour se conserver quelques forces.

» Vers le soir, on reprit le bord de la mer. La fraîcheur de la nuit permettait de marcher ; mais la famille Picard ne pouvait nous suivre. On porta les enfants ; pour engager les matelots à les porter tour-à-tour, nous donnons l'exemple.

» La position de M. Picard était cruelle ; ses demoiselles et sa femme montrent un grand courage ; elles se mettent en homme. Après une heure de marche , M. Picard demande qu'on s'arrête : son ton est celui d'un homme qui ne veut pas être refusé. On y consent, quoique le moindre retard puisse compromettre la sûreté de tous. Nous nous étendons sur le sable ; nous dormons jusqu'à trois heures du matin.

» Nous nous remîmes aussitôt en route. Nous étions au 9 juillet. Nous suivions toujours les bords de la mer ; le sable mouillé permet une marche plus facile ; on se repose toutes les demi-heures à cause des femmes.

» Sur les huit heures du matin , nous entrons un peu dans les terres pour reconnaître quelques Maures qui s'étaient montrés à nous.

» Nous rencontrons deux ou trois misérables tentes où étaient quelques mauresses presque toutes nues ; elles étaient aussi laides et aussi affreuses que les sables qu'elles habitaient.

» Elles vinrent à notre secours, nous offrant de l'eau , du lait de chèvre et du millet , leur seule nourriture. Elle nous eussent paru belles, si c'eût été pour le plaisir de nous obliger. Mais ces êtres rapaces exigeaient de nous le peu que nous possédions.

» Les marins, chargés de nos dépouilles, étaient plus heureux que nous autres; un mouchoir leur valait un verre d'eau ou de lait, ou une poignée de millet.

» Ils avaient plus d'argent que nous, et donnaient des pièces de cinq francs pour des choses pour lesquelles nous offrions un franc.

» Au reste, ces Mauresses ne connaissaient pas la valeur de l'argent, et livraient plus à celui qui lui donnait deux ou trois petites pièces de dix sols, qu'à celui qui leur offrait un écu de six livres.

» Malheureusement nous n'avions pas de monnaie, et je bus plus d'un verre de lait au prix de six francs le verre.

» A quatre heures du soir, après avoir passé la grande chaleur du jour sous les tentes dégoûtantes des Mauresses, étendus à côté d'elles, nous entendîmes crier : Aux armes! aux armes! Je n'en avais point; je m'armais d'un gros couteau que j'avais conservé et qui valait bien une épée.

» Nous avançons vers des Maures et des noirs qui avaient déjà désarmé plusieurs des nôtres qu'ils avaient trouvés se reposant sur le bord de la mer.

» On était sur le point de s'égorger, lorsque nous comprîmes que ces hommes venaient s'offrir à nous pour nous conduire au Sénégal; je pensais qu'il fallait se confier entièrement à eux, qui se présentaient en petit nombre et se confiaient eux-mêmes à nous, tandis qu'il leur eût été si facile de venir en assez grand nombre pour nous accabler. On agit ainsi et l'on s'en trouva bien.

» Nous partons avec nos Maures qui étaient des gens bien taillés et superbes dans leur genre.

» Un noir, leur esclave, était un des plus beaux hommes que j'aie vus. Son corps, d'un beau noir, était vêtu d'un bel habit bleu, dont on lui avait fait cadeau. Ce costume lui allait à merveille.

» Sa démarche était fière et son air inspirait la confiance. La défiance de quelques-uns d'entre nous, qui avaient leurs armes nues, et la crainte marquée sur le visage d'un certain nombre, le faisaient rire.

» Il se mettait au milieu d'eux, et, plaçant la pointe des armes sur sa poitrine, il ouvrait les bras pour leur faire comprendre qu'il n'avait pas peur, et qu'ils ne devaient pas non plus le craindre.

» Après avoir marché quelque temps, la nuit étant venue, nos guides nous conduisirent un peu dans les terres, derrière les dunes, où étaient quelques tentes habitées par un assez grand nombre de Maures.

» Beaucoup de gens de notre caravane s'écrient qu'on les conduit à la mort. Mais nous ne les écoutons pas, persuadés que, de toutes lés manières, nous sommes perdus, si les Maures veulent notre perte ; que, d'ailleurs, ils ont un véritable intérêt à nous conduire au Sénégal, et, qu'enfin, la confiance est le seul moyen de salut.

» La peur fait que tout le monde nous suit. Nous trouvons dans le camp du lait de chameau et du poisson sec ou plutôt pourri, Nous n'étions pas sûrs de trouver toujours si bonne auberge sur la route.

» Nous nous couchons sur notre lit accoutumé, c'est-à-dire, étendus sur le sable. On se repose jusqu'à minuit.

» On prit quelques ânes pour la famille Picard et pour quelques hommes que la fatigue avait mis hors d'état d'aller plus loin.

» Le 10 juillet, vers les six heures du matin, noùs marchions sur les bords de la mer, quand nos conducteurs nous prévinrent d'être sur nos gardes et de prendre nos armes.

» Je saisis mon couteau ; on rallie tout le monde.

» Le pays était habité par des Maures pauvres et pillards, qui n'auraient pas manqué d'attaquer les traînards. La précaution était bonne.

» Quelques Maures se montrent sur les dunes ; leur nombre augmente et bientôt surpasse le nôtre.

» Pour leur en imposer, nous nous mîmes en rang sur une ligne avec les épées et les sabres en l'air. Ceux qui n'avaient pas d'armes agitaient les fourreaux, pour faire croire que nous étions tous armés de fusils.

» Ils n'approchent pas : nos conducteurs vont au-devant à moitié chemin. Ils laissent un seul homme et se retirent : les Maures en font autant de leur côté.

» Les deux parlementaires s'entretiennent pendant quelque temps, puis ils reviennent chacun à leur troupe.

» L'explication fut satisfaisante, et les Maures ne tardèrent pas à venir nous trouver sans la moindre défiance.

» Leurs femmes nous apportent du lait, qu'elles nous vendent horriblement cher; la rapacité de ces Maures est étonnante; ils demandent jusqu'à partager le lait qu'ils nous ont vendu.

» Cependant, nous vîmes une voile qui cinglait vers nous ; nous fîmes toutes sortes de signaux pour en être aperçus, et nous fûmes assurés qu'on nous répondait.

» Notre joie fut vive et bien fondée ; c'était le brick *l'Argus*, qui venait à notre secours.

» Il baisse les voiles et met une embarcation à la mer.

» Quant elle est auprès des brisans, un de nos Maures se jette à la nage, muni d'un billet qui peignait notre détresse.

» Le canot prend le Maure à bord, et retourne porter le billet au capitaine. Après une demi-heure, le canot revient chargé d'un gros baril et de deux petits. Lorsqu'il est arrivé à l'endroit où il avait pris le Maure, ce dernier se jette de nouveau à la nage, emportant avec lui la réponse.

» Elle nous annonce qu'on va mettre à la mer un tonneau de biscuits et de fromage , et deux autres contenant du vin et de l'eau-de-vie.

» Une autre nouvelle nous comble de joie : les deux embarcations qui n'étaient pas échouées comme nous à la côte , étaient arrivées au Sénégal après avoir essuyé les temps les plus orageux.

» Sans perdre un instant, M. le gouverneur Schemaltz avait expédié *l'Argus* et pris toutes les mesures pour secourir les naufragés et aller jusqu'à *la Méduse*.

» De plus, on avait envoyé, par terre, des chameaux chargés de vivres , que nous devions rencontrer ; enfin , les Maures étaient prévenus de nous respecter et de nous porter secours.

» Tant de bonnes nouvelles nous rendent à la vie et nous donnent un nouveau courage.

» Quand les trois barils annoncés eurent été abandonnés à la mer, nous les suivions des yeux, nous craignions que les courants, au lieu de les amener à la côte , ne les envoyassent au large.

» Enfin, nous ne doutons plus qu'ils ne s'approchent de nous ; nos noirs et nos Maures les vont chercher en nageant, et les poussent vers le rivage, où nous nous en emparons.

» Le gros baril défoncé ; le biscuit et le fromage furent distribués nous fîmes un repas de dieux. Nos forces réparées, nous continuâmes notre route avec plus d'ardeur.

» Vers la fin du jour le pays change un peu d'aspect : les dunes s'abaissent, nous apercevons dans le lointain une surface d'eau ; nous croyons, et ce n'est pas pour nous une satisfaction légère, que c'est le Sénégal qui fait un coude en cet endroit, pour couler parallèlement à la mer.

» De ce coude s'échappe le bras du fleuve appelé le Marigot des Maringoins ; pour le passer, un peu plus haut, nous quittons le bord de la mer. Nous arrivons dans un endroit où il se trouvait un peu de verdure et de l'eau ; on résolut d'y rester jusqu'à minuit.

» A peine y étions-nous, que nous vîmes venir un Anglais nommé Karnet, et trois ou quatre marabouts (prêtres de ce pays). Ils ont des chameaux : ils sont envoyés par le gouvernement à la recherche des naufragés.

» On fait partir aussitôt un des chameaux chargé de vivres. Ceux qui le conduisent iront, s'il le faut, jusqu'à Portandic réclamer nos compagnons d'infortune, ou au moins en savoir des nouvelles.

» L'envoyé anglais a de l'argent pour nous acheter des vivres.
Il nous annonce encore trois jours de marche jusqu'au Sénégal.
Nous pensions en être plus près ; les plus fatigués sont effrayés
de cette distance. Nous dormons tous réunis sur le sable.

» On ne laisse personne s'éloigner, à cause des lions qui, dit-on,
étaient dans cette contrée.

» Le 11 juillet, après avoir marché depuis une heure du matin
jusqu'à sept heures, nous venons dans un lieu où l'Anglais comptait trouver un bœuf. Par un mal-entendu, il n'y en avait point ;
il fallut *se serrer le ventre* ; mais nous eûmes un peu d'eau.

» La chaleur était insupportable ; le soleil était déjà brûlant. On
fit halte sur le sable blanc des dunes, comme étant plus sain pour
une station, que le sable mouillé de la mer ; mais ce sable était
si chaud que les mains ne pouvaient l'endurer. Vers midi , le soleil, d'aplomb sur nos têtes, nous torréfiait.

» Cependant, l'Anglais, sur son chameau, était allé à la recherche du bœuf. Il ne fut de retour que sur les quatre ou cinq
heures.

» Il nous annonce que nous trouverions cet animal à quelques
heures de chemin. Après une marche des plus pénibles, et à
la nuit , nous trouvons, en effet, un bœuf petit, mais assez gras.

» On cherche loin de la mer un endroit où l'on croyait qu'il y avait une fontaine. Ce n'était qu'un trou que les Maures avaient abandonné depuis peu d'heures. Là nous nous établissons ; une douzaine de feux sont allumés autour de nous.

» Un noir tord le cou au bœuf comme nous l'aurions fait à un poulet. En cinq minutes, il est écorché et coupé en parties que nous faisons griller à la pointe des épées ou des sabres. Chacun dévore son morceau.

» Le 12 mars nous nous remîmes en marche à trois heures du matin.

» Il fallait cheminer sur le sable mouvant, de la pointe de Barbarie.

» Rien, jusque-là, n'avait été plus fatiguant : tout le monde se récria ; nos guides Maures assurèrent que c'était plus court de deux lieues.

» Nous préférâmes retourner sur le rivage, et marcher sur le sable que l'eau de la mer rendait ferme ; ce dernier effort fut presque au-dessus de nos forces.

» Je succombai, et sans mes camarades, je restais sur le sable.

» On voulait absolument gagner le point où le fleuve vient rencontrer les dunes.

» Là, des embarcations qui remontaient le fleuve devaient venir nous prendre et nous conduire à Saint-Louis. Près d'arriver à ce lieu , nous franchissons les dunes , et nous jouissons de la vue de ce fleuve tant désiré.

» Pour surcroît de bonheur, la saison était celle où l'eau du Sénégal est douce. Nous nous désaltérâmes à souhait.

» On s'arrêta enfin , il n'était que huit heures du matin.

» Nous n'eûmes d'autre abri, pendant toute la journée , que quelques arbres qui m'étaient inconnus, et qui portaient un triste feuillage.

» Je me mis souvent dans le fleuve, mais sans oser aller au large, la peur que nous avions des caïmans nous empêchait de nous éloigner du bord.

» Vers les deux heures arrive une petite embarcation; le maître demande M. Picard ; envoyé par un des anciens amis de celui-ci, il lui porte des vivres avec des habits pour sa famille.

» Il nous annonce à tous de la part du gouverneur anglais, deux autres embarcations chargées de vivre.

» Je ne puis, en attendant qu'elles arrivent, rester auprès de la famille Picard.

» Je ne sais quel mouvement se passait dans mon âme en voyant couper ce beau pain blanc, et couler ce vin qui m'aurait fait tant de plaisir.

» A quatre heures, nous pûmes aussi manger du pain ou de bon biscuit, et boire d'excellent vin de Madère, que l'on nous prodigua même avec peu de prudence.

» Nos matelots étaient ivres ; ceux-mêmes d'entre nous qui usèrent de plus de réserve, ou dont les têtes étaient meilleures, étaient au moins fort gais ; aussi, que ne dîmes-nous pas en descendant le fleuve dans nos barques ! Après une courte et heureuse navigation, nous abordâmes à Saint-Louis vers les sept heures du soir.

» Mais que faire? Où aller? Telles étaient nos réflexions en mettant pied à terre ! Elles ne furent pas longues ; nous trouvâmes quelques-uns de nos camarades des embarcations arrivées avant nous, qui nous conduisirent et nous distribuèrent chez différents particuliers, chez lesquels tout était préparé pour nous bien recevoir.

» Je me rappellerai toujours la tendre hospitalité que nous ont donnée en général les habitants de Saint-Louis, Anglais et Français.

» Tous nous fûmes accueillis; nous eûmes tous du linge blanc pour changer, de l'eau pour nous laver les pieds; une table somptueuse nous attendait.

» Pour moi, je fus reçu avec plusieurs compagnons de voyage, chez MM. Durécu et Potin, négociants de Bordeaux.

86

» Tout ce qu'ils possédaient nous fut prodigué (1). On me donna du linge, des habits légers, enfin tout ce qu'il me fallait. Je n'avais plus rien.

» Honneur à celui qui sait aussi bien secourir les malheureux, à celui surtout qui sait le faire avec autant de simplicité et si peu d'ostentation que le faisaient ces Messieurs.

» Il semblait que c'était un devoir pour eux de secourir tout le monde. Ils auraient voulu ne rien laisser aux autres du bien qui était à faire.

» Des officiers anglais réclamèrent avec ardeur le plaisir, disaient-ils, d'avoir quelques naufragés; quelques-uns de nous eurent des lits; d'autres de bons matelas étendus sur des nattes, dont ils se trouvèrent très-bien. Je dormis mal cependant, j'étais trop fatigué et trop agité; je me croyais toujours ou balloté par les flots ou sur des sables brûlants. »

(1) M. Bredif rend justice à MM. Durécu et Potin. M. Correard n'a cessé de les calomnier.

CHAPITRE IX.

Histoire d'un vieux caporal de l'Empire.

Ce caporal, nommé Grevin, était du nombre des cinquante-huit naufragés, que la chaloupe de *la Méduse* avait débarqués dans le désert, près du Cap Mérick.

Après quatre jours de marche et de privations les plus pénibles à supporter, la femme de ce militaire fut la première qui ne put continuer à suivre la caravane ; elle tomba sur le sable, presque sans force et sans vie. Grevin prit la ferme résolution de mourir auprès de sa malheureuse compagne, plutôt que de l'abandonner. Il s'assied auprès d'elle, laisse cheminer la troupe, et prend un moment de repos.

Cependant il prévoit les dangers auxquels ils pouvaient être exposés l'un et l'autre ; il s'arme de courage, charge sur son épaule la pauvre mourante, et fait tous ses efforts pour rejoindre ses compagnons ; mais à peine a-t-il fait quelques pas, qu'il est averti, par un mouvement convulsif que fait la mourante Clotilde (c'était le nom de son épouse) , qu'elle rendait le dernier soupir.

Il met un genou à terre, récite les prières des morts , se relève et continue sa route. Tout-à-coup il entrevoit à travers les ombres de la nuit un animal se blottir : c'était un léopard qui l'attendait au passage.

Déposer son précieux fardeau à terre et se précipiter à la mer ne furent qu'un. Le féroce animal , d'un plein saut, se jette sur le cadavre abandonné, et........!

L'anxiété de Grevin est extrême , il veut s'abandonner à la vague pour regagner le rivage ; à l'instant où il prenait cette résolution , il se sent heurter à l'épaule : c'était la barrique d'eau que remorquait la chaloupe à son départ de *la Méduse* ; la corde qui la tenait amarrée à l'embarcation avait cassé , elle était poussée par le vent à la côte.

Il la saisit aussitôt aux deux extrémités, de manière à pouvoir en faire usage pour prendre un peu de repos. A l'instant une lame se déploie avec impétuosité, enveloppe le vieux soldat , et le pousse au large ; il perd de vue la côte et n'aperçoit que la lame qui se résout en écume.

Ainsi ballotté par les flots, il avait épuisé ses forces et son courage, lorsque du pied il touche terre : c'est la plage , il n'en était qu'à quelques pas.

Cramponé toujours à sa barrique , comme les tourmentés de l'enfer à la barque du Dante , un dernier effort le conduit à terre , après une heure d'angoisses toujours croissantes.

L'aube apparaît à peine, il croit voir à l'horizon un point noir ; son cœur s'émeut. O mon Dieu ! dit-il en se jetant à genoux , ramené à bord sans accident, serait-ce pour revoir encore une fois les restes inanimés de ma chère Clotilde. Hélas ! il s'approche tout tremblant , Oh ! quel affreux moment que celui de la réalité ! Que de cris déchirants il laisse échapper !.... C'est la tête ensanglantée de Clotilde , que l'animal féroce avait traînée sur ce lieu après en avoir dévoré le corps.

Le vieux soldat, que tourmentaient les souffrances de l'amitié, se dit : j'ai eu le courage du danger , j'aurai aussi celui de ne pas abandonner ici les derniers restes de ce que je possédais de plus cher au monde. Un lambeau de sa chemise lui sert d'enveloppe.

Après cette résolution, il verse bien des larmes sans pouvoir proférer un seul mot ; puis, enfin, retrouvant un reste de force, il prend à la main sa triste mais précieuse relique, et retourne au lieu où il avait laissé sa barrique, pour étancher la soif dévorante qu'augmentait sa douleur; ensuite, il continue sa route dans le désert, espérant rejoindre ceux qu'il avait été forcé d'abandonner la veille.

Vers le soir, il aperçut au loin des feux. Il conçut l'espérance de rencontrer quelques êtres vivants qui voudraient bien lui donner les aliments dont il avait un pressant besoin.

Il s'avance, ce sont des Maures qui étaient sous leurs tentes. Avec beaucoup d'assurance, il leur adresse, tant bien que mal, quelques mots d'arabe. Ce militaire avait fait la campagne d'Egypte, où il avait appris à parler un peu cette langue.

« Accueillez, leur dit-il, au nom du grand Prophète, un vieux guerrier, qu'un naufrage a jeté sur vos côtes, et qui vient vous demander l'hospitalité et des secours. Aussitôt il se prosterne la face contre terre et fait le salut d'usage ; les Maures en font autant, le traitent on ne peut mieux, et lui permettent d'entrer sous une tente. On lui présente du lait et du couscous ; cette nourriture lui redonne des forces.

Les Maures ayant aperçu l'objet qu'il tenait à la main ; animés d'un esprit de curiosité et de rapine, le saisissent, détachent l'enveloppe et mettent à découvert ce qu'elle renfermait. A la vue de ces restes inanimés ils jettent des cris de vengeance et de mort. Le pauvre Toubabi (nom que les Maures donnent aux blancs), est garrotté et conduit à la tente de Mohammed-Abdallah , roi des peuples maures, nommés Douicht. Ce prince appelle ses gardes, leur fait former le cercle, y place le pauvre Toubabi, et l'interroge.

Après quelques explications données par le vieux caporal, Mohammed le fit conduire sous sa tente, l'assaillit d'une foule de questions qui le surprirent grandement, le prince, lui nomma plusieurs fois le sultan Kebir (c'est ainsi que les habitants d'Egypte désignaient Napoléon-le-Grand.)

Le lendemain au point du jour, les Maures furent se placer sur le sommet d'un monticule de sable qui leur servait de minaret. Là, prosternés, et la face tournée du côté de l'Orient , ils attendirent le lever du soleil pour faire ensuite leur salam.

Grevin les imita dans toutes leurs cérémonies; il ne manqua jamais, par la suite, de faire des prières en même temps qu'eux , ce qui lui valut les plus grands égards de la part des Maures.

Après un mois, passé chez diverses tribus , il arriva au Sénégal. Atteint depuis huit jours de la dyssenterie, il était tellement faible qu'il fut transporté à l'hôpital de Saint-Louis, et dix jours après il rendit le dernier soupir.

Son corps, ainsi que son précieux dépôt furent placés dans un même cercueil, et transportés dans le lieu de sépulture.

Telle a été la fin malheureuse de ce courageux soldat , de ce tendre époux.

CHAPITRE X.

Récit des événements qui se sont passés sur le Radeau.

Nous venons de décrire les malheureuses aventures des naufragés que le sort jeta sur les côtes du grand désert de Zahara, où le plus grand nombre fut obligé de parcourir une route de cent lieues, à cause des sinuosités de la côte, traversant cette immense région de sable blanc, que bouleversent les ouragans et principalement le vent du désert; éprouvant encore jusqu'à 65 degrés de chaleur.

Maintenant, nous allons donner l'histoire succincte du radeau;

ensuite nous parlerons des événements qui se sont passés à Saint-Louis et au camp de Daccard, établi sur la presqu'île du Cap-Vert.

Quand notre chaloupe eut rejoint le radeau, que remorquaient aussi les autres embarcations, nous demandâmes à celles-ci que l'on nous prît une vingtaine d'hommes; que, sans cela, nous allions couler; elles nous répondirent qu'elles étaient elles-mêmes trop chargées.

Les canots crurent, d'après un mouvement que nous fîmes sur eux, que le désespoir nous avait suggéré l'intention de les couler et de couler avec eux : alors, pour nous éviter, ils lâchèrent les cordes qui les unissaient, et, à pleines voiles, s'éloignèrent de nous, laissant seul le grand canot attaché à la remorque du radeau.

Au milieu de ce trouble, la corde qui servait à cette embarcation pour le remorquer, se rompit, et cent cinquante malheureux furent ainsi abandonnés à la merci des flots sans aucun espoir de secours.

Ce moment fut terrible!!!...

Le lieutenant de marine Espiaux, pour engager ses camarades à faire un dernier effort, *vire de bord*, et fait un mouvement pour reprendre le radeau; les matelots veulent s'y opposer, et disent que les hommes qui s'y trouvent se précipiteront sur nous et nous perdront tous. « Je le sais, mes amis, s'écria Espiaux, mais je ne veux en approcher, qu'autant qu'il n'y aura pas de dangers. Si les autres embarcations ne me suivent pas, je ne songerai plus qu'à notre conservation ; je ne puis l'impossible. »

Effectivement, voyant qu'on n'imitait pas son mouvement, il reprend sa route; les autres embarcations étaient déjà loin.

Ainsi abandonnés, les hommes du radeau passèrent de la stupeur la plus profonde, au plus cruel désespoir ; tous jugeaient leur perte infaillible, principalement ceux qui n'étaient pas placés au centre de cette machine.

Pour pouvoir se rendre compte, d'une manière bien exacte et sous son véritable point de vue, des causes qui ont suscité les scènes horribles qui se sont passées sur le radeau de *la Méduse*; il faut se faire d'abord une juste idée de la position que chacun occupait, et bien être convaincu, que l'énergie morale est plus nécessaire à l'homme pour sortir vainqueur des plus sinistres rencontres, que la force physique.

Nous divisons donc en deux catégories les malheureux placés sur ce cadre de bois.

Dans la première nous comprenons, les hommes qui se distinguaient par leur éducation, leurs facultés intellectuelles, leur prévoyance, leur grade; ayant à leur disposition le peu de vivres qui se trouvaient placés sur le radeau, et occupant les places les plus avantageuses, le plus souvent exposés à les disputer les armes à la main.

Dans la seconde nous placerons les hommes vigoureux, infatigables, mais sans éducation, imprévoyants, ne pouvant disposer du vin, qui était déposé sur cette machine, qu'avec la permission de ceux qui le tenaient près d'eux, de plus, se trouvant placés sur les parties les plus exposées aux vagues et n'offrant que très-peu de solidité.

Que l'on se figure cent vingt personnes, sur cent cinquante, debout, très-serrées, ayant de l'eau jusqu'à la ceinture, ne pouvant faire aucun mouvement; leurs pieds sur des pièces de bois auxquelles la force des vagues imprimait le même mouvement que font deux cylindres qui se contrarient; et l'on aura une juste idée de cette horrible position, à laquelle il est impossible de résister quelques heures.

D'un côté, les tortures du corps, et de l'autre la soif et la faim, ne tardèrent pas à amener des scènes de désordre qui, bientôt, se changèrent en scènes de destruction.

Les douleurs les plus aiguës, les privations les plus difficiles à supporter, ne tardèrent pas à soulever, chez ces malheureux, le plus affreux désespoir. Dégagés de tout frein, par le sentiment impérieux de la conservation; ils oublient Dieu, s'oublient eux-mêmes. Ils commencent à s'entre-tuer les uns les autres, pour prolonger un reste d'existence, et dans l'espoir, qu'en allégeant le radeau ils auront moins à souffrir de la submersion.

Le 5 juillet, il était près de midi, les embarcations avaient disparu. Sur le radeau, la consternation fut générale, néanmoins la journée se passa sans aucun désordre, bercés de la crainte à l'espérance, on ne s'occupa que des moyens à employer pour arriver à terre.

La nuit arriva (c'était la première). *Douze hommes* perdirent la vie ayant les extrémités inférieures engagées dans les interstices que laissaient entr'elles les pièces de bois qui formaient le radeau.

Huit avaient été enlevés par la violence de la mer.

Le second jour, deux jeunes mousses et un boulanger se jetèrent à la mer pour ne plus reparaître.

La Deuxième nuit, un homme menaça un officier, il fut la première victime. Un passager, conduit par le désespoir, lève le fer sur un officier; il tomba sur-le-champ, percé de coups. Un soldat défendant son camarade trouvé coupant les amarres du radeau fut tué avec lui et tous deux expédiés à la mer.

Un autre militaire subit le même sort; pressés par les besoins impérieux de la soif et de la faim, de même que par la violence de la mer, dont les lames déferlaient impétueusement sur l'arrière, entraînant les hommes dans l'abîme, on se dispute les vivres, le centre du radeau. Divers combats des plus acharnés se livrent, et cette nuit, dix-huit sont jetés à la mer. Lorsqu'ils cherchaient à

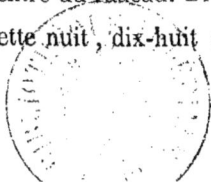

7

remonter sur les planches du radeau on leur coupait les doigts à coups de sabre, au moment où ils saisissaient les pièces de bois.

Soixante étaient étendus morts.

Ceux que la mort avait épargnés dans cette nuit horrible, se précipitèrent sur les cadavres dont le radeau était couvert, les coupèrent par tranches et les dévorèrent à l'instant.

Les officiers eurent la force de s'en abstenir.

7 *Le troisième jour* fut calme ; la moitié de ces malheureux étaient dans une extrème faiblesse ; ils portaient sur leurs traits l'empreinte d'une destruction prochaine.

La troisième nuit, douze dévorés par la soif et la faim, sont trouvés gisants sans vie, et sont jetés à la mer.

8 *Le quatrième jour*, un Espagnol, de son propre mouvement, se précipite dans les flots.

La quatrième nuit, deux militaires trouvés buvant à la barrique de vin, qu'ils avaient percée sans permission, furent condamnés à mort et jetés à la mer.

9 *Le cinquième jour*, un enfant s'éteignit faute d'aliments.

Cinquième nuit. De cent cinquante hommes placés sur cette machine, il n'en restait que vingt-sept. Pour économiser les rations, douze malades ou blessés furent précipités dans l'abîme. Ils ne restèrent que quinze qui, sept jours après (grâce au sacrifice qu'ils

venaient de faire), furent sauvés par le brick *l'Argus*. Voici leurs
noms :

Dupont, capitaine d'infanterie.

Lheureux, lieutenant.

Lozach, sous-lieutenant.

Clairet, sous-lieutenant.

Griffon du Bellai, commis de marine.

Coudin, élève de marine.

Savigny, chirurgien de 3e classe.

Correard, ingénieur géographe.

Charlot, sergent-major.

Courtade, maître canonnier.

Lavilette, ouvrier.

Coste, matelot.

Thomas, pilotier.

François, infirmier.

Jean Charles, soldat noir.

Ce navire, expédié du Sénégal, pour porter des secours aux
naufragés qui traversaient le désert, et aller ensuite à la recherche
du radeau, croyant que ses recherches prolongées seraient désor-
mais sans succès, fit voile pour Saint-Louis.

C'est en courant sa bordée pour se rendre, qu'il aperçut le
radeau. Dans quelle position trouva-t-il les malheureux restés sur

cette machine! Couchés sur les planches, les mains et les lèvres dégoûtantes, teintes du sang des malheureuses victimes, les poches remplies de ces chairs dont ils s'étaient rassasiés.

J'en ai dit assez sur ces scènes lugubres, scènes d'horreur, de carnage et de destruction.

Je comprends que le sang qui coule sur un champ-de-bataille soit un sang glorieux. Mais celui qui a coulé parmi les victimes d'une si terrible catastrophe, n'est-ce pas du sang qui fait horreur ?

Plaignons les infortunés qui ont survécu, et ne regardons leurs triomphes que comme une nécessité déplorablement indispensable.

Avant de terminer ce récit, j'ai un devoir à remplir : celui de démentir de la manière la plus formelle, MM. Savigny et Correard, qui ont écrit sur ce triste sujet.

Non, nos malheureux soldats, comme vous l'avez annoncé dans votre relation, n'ont jamais été *des furieux ni des lâches*, ils souffraient plus que vous des besoins impérieux de la soif et de la faim, et n'avaient pas l'avantage de trouver place au centre du radeau, puisque vous occupiez, depuis le départ, cette position.

Ils n'étaient pas, comme vous voulez bien le dire encore, *le rebut* de toutes sortes de pays, l'élite des bagnes, où l'on avait écumé le ramassis impur, pour en former la force chargée de la défense et de la protection de la Colonie, que c'était ailleurs que sur la poitrine que ces *héros* portaient la décoration réservée *aux exploits* qui les avaient conduits à servir l'Etat dans les ports de Toulon , de Brest et de Rochefort. J'en appelle aux archives de la guerre.

Votre langage est encore calomnieux , quand vous dites que ces militaires demandaient ma tête avec fureur et sans relâche. Il n'aurait jamais dû sortir de la bouche de ceux qui s'étaient posés en *héros* dans les drames sanglants qui se déroulèrent sur le radeau, un pareil mensonge. Infortunés soldats , vous méritiez un autre sort que celui d'aller expirer sous les actes d'*héroïsme* que vos compagnons d'infortune déployèrent sur votre machine.

Honte à ceux qui humilient le malheur ! Anathème à ceux qui l'accablent et l'outragent.

CHAPITRE XI.

L'histoire du radeau terminée, jetons un coup-d'œil sur ce qui s'est passé au Sénégal à l'arrivée de l'expédition française à Saint-Louis.

Les naufragés échappés aux désastres que nous venons de décrire se trouvèrent tous rassemblés à Saint-Louis, le 23 juillet.

Le 9, vers dix heures du soir, le canot du commandant de la frégate, le grand canot dans lequel se trouvait le gouverneur français et sa famille, s'étaient rendus sans accident à bord de la corvette l'*Echo*.

Le 12, les dames Schemaltz s'embarquèrent pour Saint-Louis sur la goëlette de M. Valentin père.

Le 21, les naufragés du radeau y furent transportés ; ceux qui avaient traversé le désert y furent rendus le 22, M. Kumer, naturaliste, M. Rogeri et un soldat s'étant écartés de la troupe, après être restés un mois au camp du roi Zoaïde, furent ramenés au Sénégal.

Nous nous trouvâmes tous réunis à Saint-Louis, grâce à la sollicitude du gouverneur français ; tout avait été préparé pour nous bien recevoir. Je n'oublierai jamais la bonne réception que nous firent les habitants de Saint-Louis, Anglais et Français. Pour moi je fus reçu chez MM. Durécu et Potin.

Ces deux honorables négociants, après avoir tout offert au gouverneur Schemaltz pour le secours de la colonie, lui prêtèrent une somme de 50 à 60 mille francs sans savoir si le Ministre approuverait ce prêt, donnèrent quatre ou cinq cents francs de marchandises sur parole aux naufragés qui s'étaient adressés à leur générosité, après avoir eu pendant six mois à leur table environ vingt personnes de l'expédition.

Le gouverneur français comptait entrer en possession de nos établissements, mais le gouverneur anglais, soit de son propre mouvement, soit qu'il reçût des ordres de son gouvernement à cet égard, refusa de rendre la colonie.

M. Schemaltz, d'après ce refus , fut obligé de prendre des mesures pour attendre de nouveaux ordres du gouvernement français. Il lui fut signifié de faire partir sans retard, pour le Cap-Vert, tous les naufragés qui se trouvaient au Sénégal.

Il fallut expédier un navire en France, afin d'obtenir des secours et de nouveaux ordres. D'après les difficultés survenues de la part du gouverneur anglais ; la corvette l'*Echo* fut désignée.

Elle met à la voile le 20 juillet, ayant à son bord trois officiers de marine de *la Méduse*, le chirurgien-major, l'agent comptable, trois élèves de marine, M. Savigny et cinquante-trois naufragés.

Nous pensons que le gouverneur anglais obéit à la politique coutumière de son gouvernement, qui s'est toujours fait un principe très-fidèlement suivi de ne pas se dessaisir.

Le naufrage de *la Méduse*, favorisait parfaitement le dessein du gouverneur anglais ; car l'arrivée d'une expédition, dont la principale voile n'existait plus, ne pouvait que produire une sensation agréable au chef britannique ; mais ce qui ne peut se comprendre, c'est qu'il ait exigé que les troupes françaises fussent éloignées de la colonie.

Quelles étaient ces troupes ? Des malheureux exténués par de longues fatigues et les privations qu'ils avaient eu à supporter et presque tous sans armes. Cette mesure força le gouverneur Schemaltz de former un camp sur la presqu'île du Cap-Vert ; jusqu'à ce qu'il eût reçu de nouvelles instructions du gouvernement français.

Notre gouverneur de suite arrivé au Sénégal , et avant de se rendre à Gorée pour organiser le camp de Daccard, s'empressa d'envoyer un navire à bord de *la Méduse* pour secourir les hommes qui étaient restés à bord , y chercher une somme de 100,000 fr. apportée pour les besoins de la colonie, ainsi que des provisions qui s'y trouvaient et dont manquait, pour ainsi dire, le reste de l'expédition.

M. Schemaltz fréta la goëlette de MM. Durécu et Potin , dont il donna le commandement à M. Reynaud , lieutenant en pied de *la Méduse*, l'équipage se composait de quelques marins de la frégate et de plongeurs noirs ; elle partit du Sénégal le 26 juillet. Ayant éprouvé des vents contraires, elle rentra à Saint-Louis, après avoir inutilement lutté huit jours pour se rendre à bord de *la Méduse.*

On approvisionna cette goëlette pour vingt-un jours de vivres ; elle reprit sur-le-champ la mer. Ayant éprouvé au large un fort coup de vent, les voiles furent presque détruites, il fallut rentrer dans le port après quinze jours de navigation. Dix jours furent employés à refaire une nouvelle voilure. Tous ces incidents furent cause que l'on ne put rejoindre les débris de *la Méduse* que cinquante-deux jours après son abandon.

Des dix-sept hommes qui étaient restés à bord de la frégate , malgré toutes les invitations qui leur avaient été faites, lors de son son abandon, on ne trouva que trois infortunés à la veille d'expirer.

Douze des plus décidés, se voyant à la veille de manquer de tout, avaient construit un radeau avec les différentes pièces de la frégate. Les restes de ce radeau ayant été trouvés par les Maures sur la côte du désert, nous supposons que ces malheureux, après avoir été en proie à toutes les souffrances auxquelles avaient été exposés ceux du premier radeau, s'éteignirent d'inanition ou devinrent la proie des monstres marins.

Un matelot voulut aussi gagner la terre en se plaçant sur une cage à poule à une encâblure de la frégate, il fut submergé et disparut pour toujours.

Quatre s'étaient déterminés à ne pas abandonner la frégate, un de ceux-ci venait de mourir de besoin quand la goëlette arriva. Ses camarades lui avaient donné la mer pour sépulture. Deux jours plus tard on n'aurait trouvé que des cadavres.

Les trois autres restant avaient pris pour domicile, l'un le grand mât, l'autre le mât d'artimon, le troisième le mât de misaine qu'ils ne quittaient que pour aller chercher des vivres, ne consistant qu'en lard salé, en suif et un peu d'eau-de-vie.

Le besoin ayant fini par faire naître chez eux une certaine méfiance, quand ils se rencontraient en allant à la recherche des vivres, ils se menaçaient de coups de couteau.

M. Reynaud s'empressa de donner tous les secours que demandait leur position. Il s'occupa ensuite de retirer de la frégate tous les objets susceptibles d'être conservés, les tentatives pour retrouver les 100,000 fr. ayant été inutiles, la goëlette prit la route du Sénégal.

Quelques jours après, les négociants de Saint-Louis, autorisés par le gouvernement à se rendre à bord de *la Méduse*, quatre goëlettes partirent de Saint-Louis et, favorisées par un vent favorable, parvinrent en peu de jours à leur destination.

Elles rapportèrent une grande quantité de barils de farine, de viandes salées, du vin, d'eau-de-vie, de cordages, de voiles et quelques effets appartenant à des naufragés.

A l'arrivée du gouverneur qui venait de Gorée il lui en fut fait remise fidèle. Il prit soin de restituer les effets divers, aux naufragés qui les réclamèrent, et fit rentrer dans les magasins de l'Etat tout ce qui avait été sauvé pour en faire l'usage le plus utile et le plus convenable.

M. Correard a rapporté dans sa relation d'une manière toute différente les faits que je viens de décrire, et accuse le gouverneur français d'avoir oublié les devoirs que lui imposait l'honneur et l'humanité, il parle même de déprédation. Pour se rendre plus intéressant, il se plaint de la manière la plus amère de l'oubli dans lequel on l'avait laissé durant trois mois qu'il a passés à Saint-Louis.

ses plaintes donnèrent à supposer que tous les habitants de l'île ,
ainsi que les personnes composant l'expédition avaient fermé leur
cœur aux sentiments d'humanité.

Ce n'est pas ainsi que les choses se sont passées. M. Correard
s'étant séparé de ses deux compagnons d'infortune , MM. Coudin
et Savigny, qui avaient été parfaitement accueillis par M. Lasalle,
négociant français, entra à l'hôpital anglais , où il recevait la
ration du soldat, qui consistait en pain blanc , vin de Madère sec,
rhum , riz , viande , café et sucre , le tout dans une quantité suf-
fisante pour un homme bien portant. Les naufragés du désert
étaient loin de jouir des mêmes avantages ; entassés dans une
chambre, ils n'avaient pour aliments qu'une galette de biscuit ,
du riz et un peu de lard salé.

Si M. Correard était mal nourri et mal couché, que sont deve-
nus les hardes transportées du radeau à bord de *l'Argus,* ? Qu'a-t-
on fait des quinze cents francs (1) qui furent retirés du radeau ?
La distribution en fut faite aux quinze naufragés ; l'ami de M. Savigny reçut sa part ; à quel usage avait-il employé le linge , les
vêtements et l'argent que lui remirent deux jeunes officiers anglais ;
les effets que lui fit apporter par ses esclaves , le major anglais
Pidoy.

(1) De ces quinze cents francs , mille appartenaient à la caisse du bataillon, trois
cents francs au capitaine Dupont. Le reste avait été trouvé dans la poche des malheureux qui avaient péri sur le radeau.

Le 24 novembre ne reçut-il pas du major et du capitaine Campbell trois cents francs pour faire son voyage! Avec de pareils secours se contente-t-on d'une nourriture grossière et d'un drap de lit pour couverture ?

C'était un besoin pour M. Correard, que de mentir, dénigrer ou se plaindre. La manière dont il traite les personnes les plus honorables suffit pour justifier ce que j'avance.

M. Correard craignant de s'exposer à l'insalubrité du camp de Daccard, où il devait se rendre comme exploiteur, d'après un traité passé par le ministre de la marine, du 16 mai 1816, il préféra résider à Saint-Louis, où il demanda et obtint des médecins *anglais,* un certificat *tel que le gouverneur ne pouvait point s'opposer à son départ.* En effet, M. Schemaltz accueillit sa demande d'une manière toute paternelle, et deux jours après le passage lui fut donné sur la gabarre *la Loire.*

La Loire mit à la voile le 1er novembre 1816, et entra en rade de l'île d'Aix, le 26 du même mois.

M. Correard se rendit, en descendant de ce navire, à l'hôpital de Rochefort, où il fut autorisé à passer tout le temps nécessaire pour son rétablissement. Il voyait tous les jours son compagnon d'infortune M. Savigny.

Laissons un instant Correard jouir des soins attentifs et de tous les égards imaginables que les employés de l'hôpital lui témoignaient, pour faire connaître le sort qu'éprouva M. Savigny à son retour en France : c'est sa relation qui se chargera de nous le faire connaître :

« M. Savigny crut qu'après avoir essuyé des malheurs sans exemple, il lui était bien permis de décrire toutes les souffrances auxquelles, pendant treize jours, lui et ses compagnons d'infortune avaient été en proie.

» A-t-on jamais interdit la plainte aux malheureux ! Eh bien, les nouvelles épreuves qui l'ont atteint, et qu'il va mettre sous les yeux des lecteurs, proviennent de ce qu'il n'a pu garder le silence sur ces événements désastreux.

» Pendant sa traversée sur la corvette l'Echo, il écrivit le récit de nos tristes aventures : son intention était de déposer son narré au ministère de la marine.

» Arrivé en France, au mois de septembre, on lui conseilla d'aller à Paris, où, disait-on, « vos malheurs vous attireront la bienveillance du ministère, et l'on regardait comme chose certaine, que quelque récompense lui ferait oublier les pertes considérables qu'il venait de faire, les dangers auxquels il venait d'échapper.

» Il écouta les conseils qu'on lui donnait, parce qu'ils venaient de personnes très-sensées, et il se mit en route pour la capitale, emportant avec lui son manuscrit.

» Il arriva à Paris le 11 septembre. Son premier soin fut de se présenter au ministère, où il déposa tous les écrits qu'il avait rédigés sur le naufrage de *la Méduse*.

» Mais quel fut son étonnement de voir, le lendemain, dans le *Journal des Débats,* du 13 septembre, un extrait de sa relation, copiée presque littéralement.

» Il chercha alors d'où les rédacteurs de ce journal avaient pu tenir ces détails : il lui fallut peu de temps pour trouver le mot de cette énigme.

» On n'exposera point ici par quel moyen son manuscrit a été connu du rédacteur de ce journal. On se bornera à dire que M. Savigny, étant encore à Brest, M. de Venancourt, capitaine de frégate, qui avait des relations avec le ministre de la guerre, dans l'intention de lui être utile, lui demanda une copie de son mémoire qu'il devait faire parvenir au ministre de la marine, par la voie de M. Forestier, conseiller d'Etat et directeur d'une des divisions de l'administration de la marine, intendant de la maison de Louis XVIII.

» Cette copie de nos aventures fut donc confiée à M. de Venancourt, et par lui envoyée à Paris.

» M. Savigny n'avait pris ce parti que parce que son intention était alors de se rendre dans sa famille, sans passer par la capitale.

» Cette pièce fut accueillie avec empressement par l'adroit courtisan Forestier, qui voulut la faire servir à son ambition : et voici comment :

» A cette époque, M. Decazes était déjà favori , et très souvent il était entravé dans le conseil par M. Dubouchage, alors ministre de la marine. Un homme médiocre peut entendre la vérité sans en être offensé; mais un jeune ambitieux, qui voulait marcher sur les traces de l'homme le plus extraordinaire que la terre ait produit, n'eut point cette force de caractère. Dès lors, il conçut le projet de faire chasser M. Dubouchage du ministère de la marine.

» L'événement du naufrage de *la Méduse* était admirable.

» Le courtisan Forestier était l'ami intime de M. Decazes, et ce dernier, dit-on, lui avait promis le ministère de la marine. On pense bien qu'ils agissaient de concert , et, pour atteindre leur but, ils adressèrent au rédacteur du *Journal des Débats*, la relation que M. Savigny avait rédigée.

» Au reste, celui qui la reçut à Brest était loin de vouloir nuire à l'auteur de cet écrit. S'il avait eu la moindre idée de tous les désagréments qu'occasionna la publicité qu'il donna à sa relation, en la montrant à plusieurs personnes , il l'eût plus soigneusement conservée , ou du moins, il l'eût remise immédiatement au ministre de la marine, à qui elle était destinée. Cette publicité par la

8

voie du *Journal des Débats*, attira à M. Savigny les plus vives remontrances.

» Dès le jour même il fut appelé à la Marine : on lui dit que Son Excellence était mécontente, et qu'il eût à prouver de suite qu'il était innocent de la publication de nos malheurs, dont toute la France s'affligeait en s'intéressant au sort des victimes.

» Mais tout avait changé pour M. Savigny; au lieu de l'intérêt que devait inspirer sa position, il venait d'appeler sur lui la sévérité du ministre, et il lui fallait justifier d'avoir osé écrire qu'il avait été très-malheureux par la faute d'autrui.

» Enfin, il n'y avait qu'un moyen de prouver que ce n'était pas lui qui avait donné sa relation au rédacteur du *Journal des Débats* ; c'était d'avoir l'aveu même de ce rédacteur. Fort de sa conscience, il alla le trouver; et sans hésiter, cet écrivain rendit loyalement hommage à la vérité, par le certificat transcrit ci-après :

« Je certifie que ce n'est point de M. Savigny que je tiens les détails de *la Méduse*, insérés sur la feuille du 13 septembre 1816.

» Signé, le rédacteur du *Journal des Débats.* » (1)

» Ce certificat fut remis entre les mains de M. Carpentier, et par

_____

(1) Le Rédacteur ne voulut jamais insérer dans son certificat, qu'il tenait l'article de M. Decazes.

lui présenté à Son Excellence , qui ne parut cependant pas satisfaite, parce que cette pièce , tout en lui prouvant que ce n'était pas M. Savigny qui avait rendue publique l'histoire de ses aventures, n'apprenait nullement par quelle voie le manuscrit avait pu être connu du rédacteur. (1)

» Un des chefs du ministère lui ayant laissé entrevoir l'opinion de Son Excellence, qui trouvait insuffisante cette justification , M. Savigny eut recours de nouveau au rédacteur du même journal , qui ne refusa pas de lui délivrer un second certificat; et il était ainsi conçu:

« Je certifie que ce n'est point de M. Savigny que je tiens les détails insérés sur la feuille du 13 septembre, mais bien du ministre de la police. »

» Après cette nouvelle preuve, on ne douta plus que M. Savigny ne fut l'auteur d'une indiscrétion; et on lui dit qu'il pouvait se rendre dans son port.

» Il quitta donc la capitale, après avoir éprouvé bien des contrariétés par la publication de ses malheurs.

» Les Anglais traduisirent les détails donnés par le Journal du 13 septembre, et les insérèrent dans une de leurs Gazettes, qui parvint au Sénégal.

(1) Maintenant Son Excellence n'ignorera plus les noms de ceux qui l'ont, par ce petit tour d'adresse , arrachée du ministère.

» Dans cette traduction amplifiée il y avait des choses assez fortes qui furent loin de plaire au Gouverneur et à M. Reynaud, l'un des officiers de la frégate.

» Deux mois se passèrent, et M. Savigny reçut une lettre de Paris, dans laquelle on lui annonçait, *que tant que le ministre actuel serait à la tête des affaires, il n'aurait pas d'avancement.*

» M. Savigny, dégoûté par tout ce qu'il venait d'éprouver, donna sa démission, après avoir servi six ans, et fait autant de campagnes de mer.

» MM. Charlon, Tuffet et Réjou, composant le conseil de santé, ne furent pas sans regret de voir se retirer du service un sujet aussi distingué que M. Savigny.

» Voyons maintenant quel sort était réservé à M. Correard, depuis son retour en France, jusqu'au moment où il se réunit à son compagnon d'infortune, pour écrire ensemble la relation de leur naufrage.

» Le 4 février 1817, après trente-trois jours passés à l'hôpital de Rochefort, il se décida à partir pour Paris, où des affaires d'intérêt l'appelaient ; mais comme ses moyens pécuniaires étaient faibles, et qu'il lui fallait faire des dépenses assez fortes pour s'habiller, car il était presque nu (1), en descendant de la Loire (c'est sa

---

(1) A quel usage avait-il employé les 300 fr. et les effets qu'il avait reçu des officiers anglais ?

relation qui parle) il crut pouvoir faire la route à pied. La première journée de marche, il n'éprouva que de légères douleurs ; la seconde, le malaise augmenta, et la troisième, la fièvre se déclara. Il était alors à trois heures de Poitiers, très-près d'un petit village, se trouvant exténué de fatigue et accablé par la fièvre, il résolut d'aller chez le Maire, demander un billet de logement ; ce fonctionnaire était absent, et son épouse répondit que dans tous les cas, il fallait obtenir l'agrément de M. le marquis de Fayolle, colonel de la garde nationale.

» Le voyageur languissant ne vit aucun inconvénient à se rendre auprès du marquis, il fut trompé dans son attente. Le colonel lui fit un fort mauvais accueil, et resta insensible à ses prières ; il eut beau lui montrer ses certificats, sa feuille de route, ses blessures même, lui présenter son bras tremblant qu'agitait la fièvre, rien ne put le fléchir. Désespéré, le malheureux malade se retira, en maudissant une inhumanité qu'il ne s'attendait pas à trouver dans un chef de la garde nationale, et se promettant de n'oublier jamais son illustre nom et la manière impitoyable avec laquelle il avait répondu à ses prières. Ce marquis de Fayolle, dit M. Correard, est le même qui, en sa qualité de Maire de la commune de Colombier, étant assisté de trois membres du Conseil municipal, condamna, le 15 août 1816, le sieur Henri Dusouil, à l'amende de cinq francs, pour avoir fait cuire trois pains le jour du dimanche, délit prévu par l'article 5 de la loi mémorable du 18 novembre 1814 (1).

» Tout épuisé qu'était M. Correard, il fut obligé de se traîner encore à pied pendant une mortelle lieue, pour atteindre une auberge où il pût se reposer.

» Le lendemain il gagna avec peine Poitiers. Il eut le bonheur de trouver une âme sensible dans M. le Maire, qui prit un intérêt touchant à sa triste position. MM. Eberard et Desbordes vinrent aussi au secours de M. Correard.

» L'un et l'autre avaient été autrefois exilés, ils connaissaient le malheur et surent compâtir à celui d'un infortuné qui venait d'en éprouver d'extraordinaires.

» Après s'être reposé trois jours à Poitiers, il en partit, et arriva dans la capitale. A son arrivée, il s'occupa de former auprès du Ministre de la marine les demandes nécessaires pour obtenir un emploi dans la capitale. On lui répondit que la chose était impossible, et qu'on l'engageait à faire une demande pour les colonies, principalement pour Cayenne. Trois mois se passèrent en sollicitations, pour obtenir cet emploi, ainsi que la décoration qu'on lui avait fait espérer.

» Il prit le parti de remonter aux sources mêmes des grâces, de

(1) Histoire de circonstance fabriquée à plaisir.

porter dans le Palais des Rois le spectacle de son étrange infortune,
d'appeler sur lui cette bonté héréditaire de la famille des Bourbons,
mais l'influence maligne de l'astre ennemi qui, depuis si longtemps,
poursuivait M. Correard, continua sans doute de se manifester, il
ne recueillit encore de ce côté que de vaines espérances.

» Il présenta une première-demande à S. A. R. Monsieur. Il solli-
citait la décoration de cet ordre, institué pour récompenser tous
les genres de mérites civils ou militaires, pour répandre dans toutes
les classes de la société les nobles flammes de l'émulation ; de cet
ordre qui fut offert à Goffin, dont la fermeté sut forcer ses compagnons abattus à espérer les secours qu'on leur préparait ; qui
venait d'être décernée à plusieurs des naufragés de la *Caravane*
qui se sont montrés dans leurs désastres aussi généreux qu'intrépides,
mais qui, d'ailleurs ne peuvent se plaindre que des éléments, et
n'ont eu à combattre que la tempête.

» Il y a tout lieu de croire que Monsieur eut la bonté d'apostiller sa
demande ; mais il n'a pu découvrir où, ni comment elle s'était
égarée en chemin, sans parvenir à sa destination.

» Ses amis lui persuadèrent encore de réclamer auprès de Monsei-
gneur le duc d'Angoulême, duquel, en sa qualité de grand amiral
de France, ces mêmes amis pensaient que M. Correard pouvait
attendre une intervention plus efficace pour le succès de ses demandes au ministère de la marine ; il se rendit donc aux Tuileries le

8 mai, et il eut l'avantage de joindre le Prince au sortir d'une revue et de lui présenter un mémoire à son passage.

» S. A. R. l'accueillit avec intérêt, témoigna sa satisfaction de voir un des échappés de *la Méduse*, et lui serrant la main de la manière la plus affable : « Vous avez, mon ami, lui dit-il, éprouvé de bien grands malheurs, il paraît qu'au milieu de ces désastres vous vous êtes bien comporté. » Après avoir parcouru le mémoire, le Prince voulut bien ajouter encore : « Voilà comme on doit servir le Roi, je vous recommanderai à Sa Majesté et je lui ferai connaître votre conduite et votre position. »

» Ces marques de bonté ont été, pour M. Correard, le seul résultat de ce mémoire.

» Nous croyons superflu d'arrêter plus longtemps le lecteur sur deux ou trois autres tentatives encore plus malheureuses et qui ne réveillèrent que des souvenirs pénibles dans l'âme de M. Correard, qui, persuadé de l'inutilité de faire de nouvelles pétitions, renonça à continuer de solliciter ce qu'il avait si bien mérité par son courage et ses services.

» Telles sont les disgrâces qu'il éprouva depuis son retour en France.

» Ces deux compagnons d'infortune, rentrés dans la classe des citoyens, réduits à l'inaction, après avoir épuisé leurs ressources, dégoûtés, oubliés, n'en furent pas moins dévoués à leur patrie :

Français , ils savaient qu'ils lui devaient leur fortune et leur sang.

» C'est par l'expression de ces sentiments qu'ils terminèrent l'histoire de leurs aventures.

» M. Correard , voyant que le gouvernement lui avait suffisamment prouvé sa détermination à ne rien faire pour lui ; résolut d'entrer dans une carrière où il pût trouver une indépendance raisonnable. Il prit un brevet de libraire le 18 juillet 1818 , et ouvrit un magasin ayant pour enseigne *Au Naufrage de la Méduse* , il espérait vivre tranquille, loin de tous les écueils, et à l'abri de toutes tempêtes , vain espoir ; il était réservé à de nouvelles épreuves.

» Peu de temps après son installation, il eut sept procès à soutenir.

» Premier procès : contre MM. Ledoix , Tenré et Eyries , pour contrefaçon.

» Deuxième procès : contre MM. Tiger et Cousin d'Avalon , pour contrefaçon.

» Troisième procès : *Question à l'ordre du jour.* (Brochure incriminée.)

» Quatrième procès : *Attention* (Brochure incriminée.)

» Cinquième procès : *Le temps qui court.* (Brochure incriminée.)

» Sixième procès : *Première quinzaine du mois de juin.* (Brochure incriminée.)

» Septième procès : *Pièces politiques.* (Brochure incriminée.)

» En 1819, cinq ouvrages furent saisis chez lui ; en 1820, dix-sept ouvrages furent encore saisis chez lui. Il fut condamné le 14 juin, à quatre mois d'emprisonnement et 1,000 fr. d'amende ; le 23, à quatre mois d'emprisonnement et 1,200 fr. d'amende; le 28, à trois mois d'emprisonnement et 400 fr. d'amende; le 26 juillet, à quatre mois d'emprisonnement et 500 fr. d'amende; quinze autres saisies restèrent sans résultat.

» Le revers de la médaille arriva enfin en sa faveur. Le 23 janvier 1831, il fut nommé chevalier de l'ordre de la Légion-d'Honneur. Telles furent, pour M. Correard, les suites de son naufrage sur *la Méduse.* »

CHAPITRE XII.

Saint-Louis. — Fort de Guetandar. — Barre du Sénégal. — Ile de Sor. — Ile de
Bebagué. — Ile de Gorée.

Avant d'arriver au récit des faits qui se sont passés au camp de
Daccard, le lecteur ne sera pas fâché de rencontrer ici quelques
données, sur les établissements français, de la côte occidentale
d'Afrique (elles se rapportent seulement au temps de notre prise
de possession). Commençons par Saint-Louis.

A l'époque de notre naufrage, Saint-Louis, siége du gouvernement
général, n'était qu'une petite ville établie sur un banc de sable
étouffant formé par le fleuve du Sénégal, sans eau potable ni

verdure, avec quelques maisons assez bien bâties vers le sud, dont la blancheur faisait mal aux yeux, et une grande quantité de cases en roseau, basses et enfumées, qui occupaient presque tout le nord et qu'habitaient les noirs.

Vers le milieu de cette espèce de ville, était une vieille fabrique en ruine, que l'on décorait du nom de fort, et dont les Anglais avaient sacrifié une partie, afin d'y ménager des appartements pour le Gouverneur. Au rez-de-chaussée, étaient casernées les troupes.

En face, se trouvait une batterie de gros calibre, dont le parapet couvrait la place publique, sur laquelle on remarquait quelques arbustes, alignés, plantés en ornement. A l'est du fort se trouve le port où les navires sont en parfaite sûreté.

La place d'armes est assez belle ; elle est située en face du château et de ce que l'on appelle le fort et la caserne ; à l'ouest elle est bordée d'une batterie de 10 à 12 pièces de 24 et de deux mortiers. Ce sont là les forces principales de l'île.

Sur douze mille âmes de population, on ne compte environ que cinq cents Européens. Les religions catholique et mahométane étaient pratiquées avec une égale liberté ; mais la dernière était celle du plus grand nombre ; néanmoins, tous les habitants vivaient en paix et dans la plus profonde union. Là point de différents pour opinion religieuse : chacun, à sa manière, adresse ses prières à Dieu.

Par sa position importante, Saint-Louis peut commander sur le fleuve, étant placé en tête d'un archipel d'îles assez considérables, et dont quelques-unes pourraient devenir fécondes. La ville n'offre, du reste, qu'une très-petite surface.

Sa longueur est de 2,500 mètres du nord au sud, et sa largeur, dans la partie nord, en suivant la direction de l'est à l'ouest, et de 370 mètres; et dans la partie du sud, et en suivant la même direction, elle n'a que 170 mètres, et dans le milieu de sa longueur 280 mètres.

L'élévation de son sol n'est pas de plus de 50 centimètres au-dessus du niveau de la rivière; cependant son milieu est un peu plus exhaussé, ce qui facilite l'écoulement des eaux.

Le principal des deux bras du fleuve, à l'est, présente une étendue de 1000 mètres de largeur; le bras à l'ouest n'a que 600 mètres; les courants sont très-rapides à la mer descendante, et entraînent avec eux des sables que la mer repousse vers les côtes; c'est ce qui forme une barre à l'embouchure du fleuve; mais ces mêmes courants se sont frayés un passage, qu'on nomme : *Passe de la Barre.*

Cette passe a environ 200 mètres de largeur et de 3 à 6 mètres de profondeur. Très-souvent ses dimensions varient en moins ; mais, dans tous les temps, on ne peut y faire passer que deux navires tirant 4 mètres d'eau au plus ; l'excédant est très-nécessaire pour le tangage qui est toujours très-fort sur cette barre.

Les lames qui la couvrent continuellement sont très-grosses et fort courtes ; lorsque le temps est mauvais, elles brisent avec fureur et intimident les marins les plus intrépides.

Le bras occidental du fleuve est séparé de la mer par une pointe nommée *Pointe de Barbarie* ; il est incroyable que cette langue de terre, qui n'a pas 250 mètres dans sa plus grande largeur, et qui n'est que de sable, puisse résister aux efforts du fleuve, qui tend toujours à la détruire, et à ceux de la mer, qui brise dessus, quelquefois avec une fureur telle, qu'elle la couvre toute entière, et vient même, après avoir traversé le bras de la rivière, expirer sur le rivage de Saint-Louis.

Presque en face du château, et sur la pointe de Barbarie, était une petite batterie, de 6 pièces au plus, que l'on appelait fort de Guetandar ; ce fort est sur le haut d'une butte de sable qui a été formée par le vent et qui s'accroît journellement : elle est même assez haute, et se trouve entourée d'une grande quantité de cases de noirs, qui forment un village assez étendu.

Ces cases tendent à affermir les sables et empêchent leur éboulement.

La rive gauche du fleuve, qu'on appelle Grande-Terre, était couverte d'une verdure perpétuelle ; ce sol n'est pas très-fertile, mais il est couvert d'une forêt de palmiers, qui s'étend à dix lieues dans l'intérieur.

En face et à l'est de Saint-Louis, se trouve l'île de Sor, dont l'étendue est d'environ quatre à cinq lieues de circuit ; on y remarque deux grandes plaines, où l'on pourrait établir des habitations.

Après l'île de Sor, dans la partie du sud, se rencontre l'île de Babagué, séparée de la première et de celle de Safal par deux petits bras du fleuve. Le sol du Babagué est fertile et plus élevé que celui des autres îles environnantes.

A son extrémité sud, qui est positivement en face de la nouvelle barre du fleuve, on aperçoit une infinité de cases de noirs, un poste militaire avec un observatoire ; et deux ou trois petites maisons de plaisance.

L'île de Safal appartenait à M. Picard ; elle présente les mêmes avantages. Son sol est à-peu-près le même que celui dont nous venons de parler. Dans aucune île on ne trouve d'eau potable.

Jetons maintenant un coup-d'œil rapide sur l'île de Gorée : nous passerons ensuite au camp de Daccard.

L'île de Gorée n'est rien par elle-même ; cependant, sa position lui donne la plus grande importance ; elle se trouve à demi-lieue du Cap-Vert, à trente-six lieues de l'embouchure du fleuve du Sénégal.

Les îles du Cap-Vert sont à quatre-vingts lieues dans l'ouest ; c'est cette position qui la rend maîtresse de tout le commerce de ces contrées.

On évalue à cinq mille le nombre de ses habitants, ce qui est hors de toute proportion avec son peu de surface, qui n'offre qu'environ 910 mètres de longueur, sur une largeur de 140 mètres ; son pourtour n'est pas de 2,000 mètres.

Cette île ou plutôt ce gros rocher noir qui semble être sorti brusquement du sein des eaux, est coupé à pic d'un côté, inabordable dans les deux tiers de son pourtour, et se termine vers le sud en une plage basse qu'il domine, et qui est bordée de gros galets, sur lesquels la vague déferle avec une grande violence.

Ce banc, qui est le prolongement de la base du rocher, se courbe en arc et forme un avancement où l'on débarque comme on peut.

A l'extrémité de ce banc, est une batterie pour 2 ou 3 pièces ; sur la plage du débarcadère, est un épaulement à embrasure qui le domine. La ville s'élève sur ce banc de sable, et un

fort construit sur la croupe du rocher la commande et la dé-
fend, tant bien que mal.

L'air de Gorée est frais pendant la soirée, la nuit et le matin.
Mais dans le cours de la journée; il règne dans l'île une chaleur
insupportable, produite par la réverbération du soleil qui frappe
perpendiculairement les basaltes qui l'entourent. En joignant à
cette cause la non circulation de l'air interrompue par les maisons
très-resserrées, une population considérable dont les rues sont
continuellement remplies, et qui est hors de proportion avec
l'étendue de la ville, on concevra facilement que toutes ces rai-
sons contribuent puissamment à y concentrer une chaleur si acca-
blante, qu'à peine peut-on respirer en plein midi. Au reste, tous
les noirs qui, certes, se connaissent en fait de pays chauds, y
trouvent la chaleur excessive, et préfèrent habiter Saint-Louis.

CHAPITRE XIII.

Description du camp de Daccard. — Sable sur la presqu'île du Cap-Vert. — Maladies, mortalité. — Prise de possession du Sénégal et dépendances, par les troupes françaises.

J'arrive au récit des événements qui ont eu lieu au camp de Daccard, établi sur la presqu'île du Cap-Vert, dont la propriété était reconnue à la France.

Nous partîmes pour le Cap-Vert, le 27 juillet, sur la gabare *la Loire*; le brick *l'Argus*, et un trois-mâts appartenant à MM. Durécu et Potin, se chargèrent du reste de l'équipage de *la Méduse.*, il ne resta au Sénégal qu'un officier de terre et deux officiers de génie, logés chez M. Potin.

Je n'ai que des éloges à donner au gouvernement français, pour la tendre sollicitude qu'il nous témoigna.

Tous ces efforts furent employés à l'adoucissement de notre position ; nous reçûmes tous indistinctement un vêtement complet. Mais, malgré ces soins vigilants, nous ne fûmes pas aussi bien traités pour le logement et la nourriture lors de notre séjour au camp.

Qu'on se représente un mauvais taudis divisé en plusieurs compartiments étroits, c'était le logement de nos soldats ; une petite pièce était destinée à contenir sept officiers ; deux cabinets étaient occupés, l'un par le chef de bataillon, l'autre par un capitaine, son épouse et ses deux enfants.

Cette maison appartenait à un nommé Martin, qui faisait autrefois le commerce des noirs.

Nous avions remplacé les esclaves dans cette chétive habitation.

Notre mobilier se composait d'un hamac chacun, de quatre chaises rustiques fabriquées en bois de palmier, un contrevent placé sur deux grosses pierres nous servait de table.

Nous étions tous à la ration du soldat ; et sans le produit de ma chasse, nous aurions été réduits au plus strict nécessaire.

Notre camp avait été établi près du village de Daccard. Il se composait de la troisième compagnie du bataillon du Sénégal, forte de

quatre-vingts soldats ou sous-officiers, trois officiers ; et des débris
de la première et de la deuxième compagnie. Cinquante militaires,
cinq officiers, un adjudant, vingt-un matelots ; en tout, cent
soixante hommes.

Le commandement du camp fut confié à M. Fonsin, commandant de Gorée, d'un dévoûment sans égal pour nous ; il y
mourut victime de son zèle.

Les naturels du pays virent avec plaisir les Français sur cette côte.

La haute protection que m'avait accordée le chef suprême du
pays, Moctar, fut d'un grand avantage pour nous tous.

Je devais cette faveur particulière à la sultane favorite du prince
Yakati, qui avait été la signara du colonel de Vassimon, à l'époque où cet officier commandait l'île de Gorée.

La mauvaise saison qui avait commencé à se faire sentir dès les
premiers jours de juillet ; des chaleurs violentes, une nourriture
bien différente de celle que nous prenions en Europe ; les fatigues
et les privations auxquelles nous avions été exposés dans notre
traversée du désert avaient altéré notre santé.

Des maladies cruelles vinrent bientôt nous assaillir ; la fièvre
nerveuse maligne, qui attaque, dans ces climats, les Européens
nouvellement arrivés ; la fièvre jaune et la dyssenterie se déclarent dans le camp.

Nous avions chaque jour des camarades à pleurer ; dix d'entre nous périrent dans la même journée. Les deux tiers de nos soldats eurent bientôt disparu.

La marche rapide de l'invasion laissait à peine au médecin le temps de faire usage des médicaments, dont nous fûmes bientôt dénués.

Ceux qui ont échappé à cette effrayante mortalité, n'ont dû leur salut qu'aux soins de M. Quinsé, chirurgien-major de la colonie.

Ce fut dans ces pénibles circonstances, que M. de Chaumareys vint prendre le commandement du camp. Les nouvelles mesures qu'il ordonna améliorèrent sensiblement le sort de nos malades.

Depuis notre arrivée au camp, une mauvaise hutte servait d'infirmerie.

De cette fétide demeure on transportait, au moyen d'une embarcation, les mourants à Gorée, dont nous étions séparés par un bras de mer d'environ deux mille mètres de large.

Dans cette traversée, que l'ardeur du soleil et les vagues de la mer rendaient très-pénible, les malades avaient souvent cessé de vivre avant d'arriver à leur destination.

Ceux qui avaient l'avantage d'y arriver, étaient déposés dans un bâtiment divisé en deux pièces, que l'on avait baptisé hôpital, et dont le mobilier se composait de huit matelats par chambre, étendus sur le sol, et sur lesquels le sang des morts fumait encore lorsqu'on y déposait un mourant.

J'eus la douleur de faire déposer dans cet établissement insalubre deux de mes camarades, Losazch et Dumongeau, officiers distingués par leur mérite et leur courage à supporter toutes nos tribulations.

C'est en rendant les derniers devoirs de l'amitié à Losach que je fus atteint de la fièvre jaune.

Déjà le lieutenant Clairet, resté à Saint-Louis, avait payé son tribut à la nature.

M. Correard, que les craintes de l'insalubrité du camp de Daccard, où il devait se rendre, avaient déterminé à rester à Saint-Louis, eut la douleur de voir mourir à ses côtés son ancien compagnon d'infortune, M. Clairet.

Plus heureux que mes camarades, je trouvai l'hospitalité chez une famille de Gorée, à laquelle je dus d'être rappelé à la vie. C'est aux soins qu'elle ne cessa de me prodiguer durant trois mois, que je dois d'avoir échappé à la fièvre jaune.

Telle était la situation du camp, lorsque les Anglais se déterminèrent à nous rendre le Sénégal et ses dépendances; c'était six mois après notre naufrage.

J'étais à peine en convalescence; le gouverneur français me donna l'ordre de revenir à Saint-Louis avec deux autres officiers pour y prendre le commandement des nouvelles troupes qu'avaient transportées *la Lionne* et *l'Eglantine*; malgré ma faiblesse, je me rendis à mon poste; mais le nouveau voyage et les dangers que je courus en passant la barre du Sénégal, dangers auxquels je n'échappai que comme habile nageur, achevèrent de ruiner ma santé ; une fièvre lente me consumait ; je sentis la nécessité de respirer l'air natal, je demandai un congé de six mois, et je l'obtins.

En voici la copie :

Congé de six mois, pour raison de maladie.

« Sur le rapport du chirurgien-major de la colonie, que M. d'Anglas (Paulin-Etienne), lieutenant de la compagnie des troupes du Sénégal et dépendances, ne peut se rétablir sans retourner en Europe, et que son séjour en Afrique, pendant la mauvaise saison prochaine, l'exposerait à périr, à raison de l'état de débilité dans lequel il est tombé par suite de la maladie qu'il a faite à Daccard, je me suis déterminé à lui accorder un congé de six mois, à l'expiration desquels il devra reprendre sa compagnie, ou justifier, par certificats valables, de l'impossibilité où il serait de venir reprendre son service.

» *Saint-Louis, le 12 mars 1817.*

» Le commandant, pour le roi, administrateur du Sénégal et dépendances.

» J. Schemaltz. »

Je donne ici copie de la lettre que le gouverneur du Sénégal écrivit à mon père lors de mon retour en France :

« *Saint-Louis, le 12 mars 1817.*

» Monsieur,

» Sur la déclaration des médecins de la colonie, je viens d'accorder à M. votre fils, un congé de six mois, pour aller rétablir sa santé.

» Par suite du naufrage et des événements que l'expédition du Sénégal a eu à supporter depuis son arrivée en Afrique, ce jeune officier a fait une grande maladie, et plusieurs rechutes graves, dont il a été affaibli de manière à craindre qu'il ne puisse pas résister à l'influence de la mauvaise saison dans laquelle nous allons entrer.

» Je me plais à vous annoncer, Monsieur, que, pendant tout le temps qu'il a été sous mes ordres, je n'ai eu qu'à me louer de sa bonne conduite et de son courage à supporter toutes les tribulations dont nous avons été assaillis ; et l'attachement que lui porte les officiers du corps dont il fait partie, me porte à désirer qu'il se rétablisse promptement pour revenir dans la colonie.

» Recevez, Monsieur, l'assurance, etc.

» Le commandant pour le Roi, et administrateur du Sénégal et dépendances.

» J. SCHEMALTZ. »

Je partis du Sénégal le 14 mars 1817, sur la gabarre *la Lionne*, laissant le bataillon réduit à 2 capitaines, 2 lieutenants, 1 adjudant, 1 sergent-major, un sergent, un fourrier, 9 caporaux et 68 fusiliers; ce qui formait un effectif de 75 hommes, 57 étaient malades à l'Hôpital, et j'arrivai en France le 12 mai de la même année, après une traversée de deux mois.

La fatigue du voyage et la nourriture échauffante que je prenais, augmentèrent la fièvre qui me dévorait; mais la vue de la France sembla calmer mes douleurs, et la fièvre elle-même cessa de me tourmenter.

Cependant, j'avais encore une longue route à faire. Débarqué à Rochefort il fallait me rendre dans ma famille qui habitait Nimes. Ce voyage ne se termina pas sans de nouvelles souffrances; des douleurs nerveuses m'empêchaient de me mouvoir; je fus forcé de faire usage de deux béquilles.

Je revis enfin mes parents. C'est au milieu de leurs soins empressés et de leurs embrassements que je repris un peu de santé.

Quelques jours après mon arrivée dans ma famille, je fis part de ma triste position à Son Excellence le ministre de la marine M. Molé. Courrier par courrier il me prévint qu'il m'avait mis à la disposition de Son Excellence le ministre de la guerre le maréchal Gouvion St-Cyr. Ce ministre ne tarda pas à me faire

connaître qu'il avait remplacé ma solde d'activité par une demi-
solde.

Quelle position pour celui qui venait de tout perdre et de tout
souffrir !

Depuis mon retour en France, une série d'évènements est venue
prolonger la chaîne de mes malheurs inouïs et immérités. J'ai
accepté cette adversité avec résignation, sans murmurer contre
ceux qui m'ont donné une partie de ce triste héritage, pour récompense de mes services.

Soumis aux rigueurs de l'infortune, j'ai voué, après Dieu, à
ma femme et à mes enfants, toute mon existence. Je n'aspire qu'au
seul bonheur, s'il n'est pas trop tard pour moi, de voir un jour
trois fils que j'ai sous les drapeaux de ma patrie, recueillir les
fruits de mes faibles services, de mes souffrances, de mes
douleurs.

FIN.

TABLE DES MATIÈRES.

www.ingramcontent.com/pod-product-compliance
Lightning Source LLC
Chambersburg PA
CBHW072113090426
42739CB00012B/2957